DER KINDER BROCKHAUS

Bilder Lexikon

DER KINDER BROCKHAUS

Bilder Lexikon

F. A. Brockhaus
Leipzig · Mannheim

Bibliografische Information der Deutschen Nationalbibliothek
Die Deutsche Nationalbibliothek verzeichnet diese Publikation in der Deutschen Nationalbibliografie; detaillierte bibliografische Daten sind im Internet über http://dnb.ddb.de abrufbar.

Konzept und Entwicklung Bibliographisches Institut & F. A. Brockhaus AG und Orpheus Books Limited
Redaktionelle Leitung Nina Schiefelbein
Text Angelika Sust

Herstellerische Leitung Annette Aatz
Illustration Mark Stacey, Nicki Palin, Gary Hincks
Gestaltung Horst Bachmann
Umschlaggestaltung Mischa Acker
Satz Matthias Liesendahl

Printed in Singapore
ISBN 978-3-7653-3261-6

Die ganze Kinder-Welt im Buch

Die Welt eines Kindes wird Tag für Tag ein bisschen größer: Vorgestern habe ich zum ersten Mal einen Igel gesehen! Gestern durfte ich zum ersten Mal beim Einkaufen selbst bezahlen. Heute habe ich zum ersten Mal eine Geschichte über Piraten gehört. Morgen fahre ich zum ersten Mal mit dem Zug. Übermorgen bin ich zum ersten Mal am Meer. Und jedes neue Erlebnis steckt voller neuer Wörter: Was ist eine Muschel? Woher bekomme ich eine Fahrkarte? Warum braucht man Geld?

Alle Themen, die Kindern wichtig sind, werden in diesem Buch in farbigen Panoramaillustrationen dargestellt. Auf den großen Bildern kann man viel Bekanntes finden und Neues entdecken, und sie stecken so voller Details, dass man sie wieder und wieder betrachten kann. Dazu werden – wie in einem Lexikon für die „Großen“ – über 400 Begriffe aus den verschiedenen Themenbereichen erklärt, mit ganz einfachen Worten und jeweils einer veranschaulichenden Illustration.

Schauen Sie sich die Panoramabilder zusammen mit Ihrem Kind an. Lassen Sie es das benennen, was es schon kennt, und frei erzählen, was ihm dazu einfällt. In den Einzelillustrationen sind die wichtigsten Begriffe aus den großen Bildern wieder aufgenommen. Auch hier können die Kinder zeigen, welche Wörter sie schon kennen, und sich die Erklärung vorlesen lassen, wenn sie mehr zu einem Begriff wissen möchten. So werden die Kinder ganz nebenbei damit vertraut, dass man in einem Buch nachschlagen kann, wenn man etwas nicht kennt oder nicht versteht. Schnell werden die Kinder dann auch allein in ihrem Lexikon stöbern und schmökern.

Auf den Kapiteleinleitungsseiten wird jeweils ein Gegenstand oder ein Tier gezeigt, das auf den folgenden Panoramaseiten versteckt ist. Wer entdeckt den goldenen Ring oder die kleine Libelle als Erstes? Ganz hinten im Buch werden alle Verstecke verraten.

Viel Freude mit diesem Buch wünscht

die Kinder-Brockhaus-Redaktion

Inhalt

Meine Welt

Das Leben ist jeden Tag gleich und jeden Tag neu. Am Morgen stehen wir auf, frühstücken und putzen uns die Zähne. Wir müssen gut auf unseren Körper achten, damit wir gesund bleiben. Dann gehen wir zur Arbeit, zur Schule oder in den Kindergarten. Dort spielen wir mit Freunden oder malen und lernen viel Neues, zum Beispiel ein Lied oder die Buchstaben. Sind wir einmal krank, gehen wir zu einem Arzt.

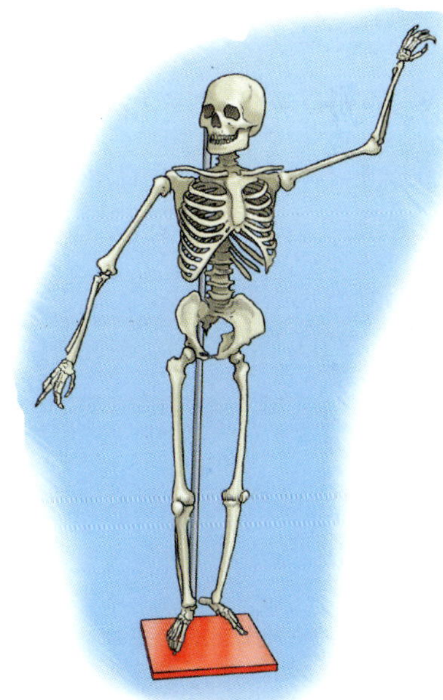

In diesem Kapitel ist auf jedem großen Bild ein Schlüsselbund versteckt. Findest du ihn?

Jedes Kind hat einen Vater und eine Mutter, zusammen sind sie eine Familie. Bekommt das Kind Geschwister, wird die Familie größer. Zur Familie gehören auch die Eltern der Eltern und deren Geschwister. Viele Menschen einer Familie sind miteinander verwandt.

der Geburtstag

Jeder Mensch hat einmal im Jahr Geburtstag. Es ist ein besonderer Tag. Viele laden ihre Familie und Freunde dazu ein. Am Geburtstag wird der Tag der Geburt gefeiert. Am fünften Geburtstag ist es genau fünf Jahre her, dass man auf die Welt gekommen ist.

die Geschwister

Wenn Eltern mehrere Kinder haben, gibt es viele Geschwister in dieser Familie. Jedes Kind hat dann noch einen Bruder oder eine Schwester oder auch mehrere Brüder und Schwestern.

die Schwangerschaft

Wenn eine Frau schwanger ist, bekommt sie bald ein Kind. Neun Monate lang wächst das Kind in ihrem Bauch heran. Am Anfang ist es noch sehr klein, kleiner als ein Reiskorn. Das Kind ist mit der Mutter über die Nabelschnur verbunden und bekommt so zu essen und zu trinken. Es wird immer größer und die Mutter kann bald fühlen, wie sich ihr Kind im Bauch bewegt.

die Eltern

Wenn eine Frau und ein Mann zusammen ein Kind bekommen, werden sie Eltern. Ist das Kind ein Mädchen, haben sie eine Tochter. Ist es ein Junge, haben sie einen Sohn. Oft sind die Eltern verheiratet. Manchmal trennen sich die Eltern wieder und wohnen nicht mehr zusammen. Die Kinder leben dann bei der Mutter oder beim Vater oder bei beiden abwechselnd. Heiraten Mutter oder Vater wieder, ist der neue Ehepartner der Stiefvater oder die Stiefmutter.

die Großeltern

Zur Familie gehören auch die Eltern des Vaters und die Eltern der Mutter, die Großeltern. Man nennt sie Großmutter und Großvater oder Oma und Opa. Das Kind eines ihrer Kinder ist für die Großeltern ein Enkel oder eine Enkelin.

das Baby

Wenn ein Baby im Bauch der Mutter groß genug ist, wird es geboren. Für ein Baby ist alles neu. Es muss lernen zu trinken und zu essen, zu krabbeln und später zu laufen. Es kann auch noch nicht sprechen. Um sich bemerkbar zu machen, schreit es oft.

Auf der Welt gibt es sehr viele Menschen. Es gibt Männer und Frauen. Alle sehen verschieden aus. Manche Menschen sind groß, manche klein, manche dick, manche dünn. Einige Menschen haben eine helle Haut, andere eine dunkle. Die Menschen können auch verschiedene Dinge gut. Manche können gut rechnen, andere gut singen, einige schnell laufen, andere schnell denken, manche sind sehr geschickt mit den Händen.

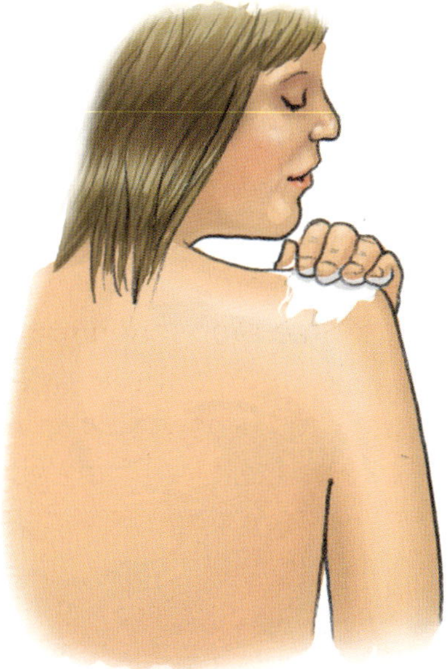

die Haut

Die Haut umgibt unseren ganzen Körper. Sie wärmt uns und schützt uns vor Krankheiten. Wenn es heiß ist, fühlen wir das mit der Haut. Dann schwitzen wir, um uns abzukühlen. Wenn unsere Haut trocken wird, cremen wir sie ein.

die Haare

Auf dem Kopf haben wir sehr viele Haare. Wie die Fingernägel wachsen sie ständig. Deswegen muss man sie ab und zu schneiden. Es gibt blonde, braune, rote und schwarze Haare. Manche sind glatt, andere lockig. Ältere Menschen bekommen manchmal graue Haare oder eine Glatze. Dann haben sie keine Haare mehr auf dem Kopf.

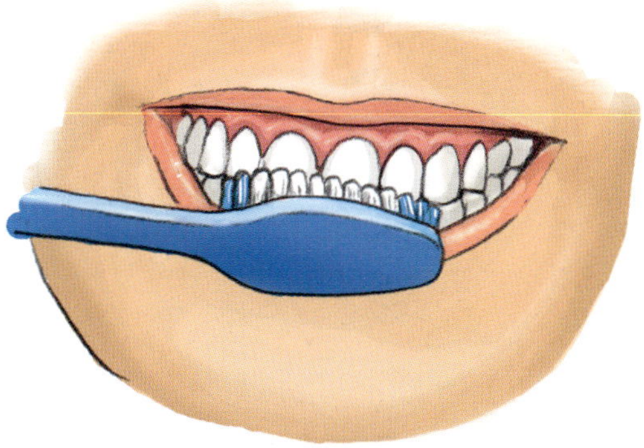

die Zähne

Im Mund haben wir Zähne. Mit den vorderen Zähnen können wir von einem Apfel abbeißen. Mit den hinteren kauen wir den Apfel klein, damit wir ihn runterschlucken können. Mit etwa sechs Jahren fallen uns nacheinander die Milchzähne aus und es wachsen neue Zähne. Unsere Zähne müssen wir gut putzen, sonst bekommen wir Zahnschmerzen.

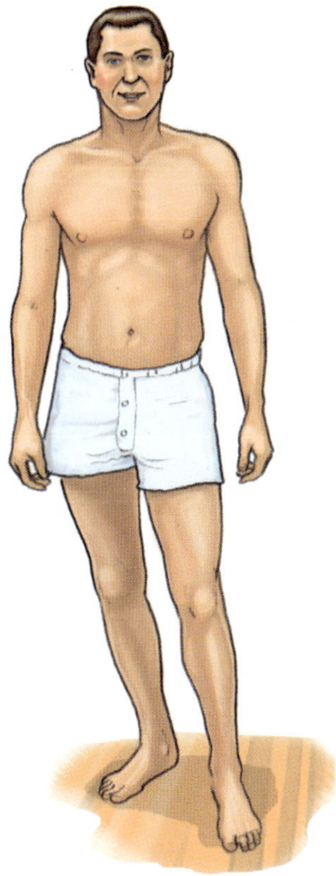

der Mann

Anders als die Mädchen haben Jungen einen Penis und Hoden. Wenn ein Junge erwachsen wird, nennt man ihn Mann. Seine Stimme wird tiefer. Er bekommt breitere Schultern und einen Bart, den er rasieren kann. Manchmal wachsen ihm auch Haare auf der Brust. Männer haben einen kräftigeren Körperbau als Frauen. Ein Mann kann zusammen mit einer Frau ein Kind zeugen und Vater werden.

die Frau

Anders als die Jungen haben Mädchen eine Scheide. Wenn ein Mädchen erwachsen wird, ist es eine Frau. Sie bekommt einen Busen und breitere Hüften. Frauen haben schmalere Schultern und eine höhere Stimme als Männer. Eine Frau kann schwanger werden und Kinder bekommen. Wenn eine Frau ein Kind zur Welt gebracht hat, ist in ihren Brüsten Milch, die das Baby trinken kann.

Der Körper

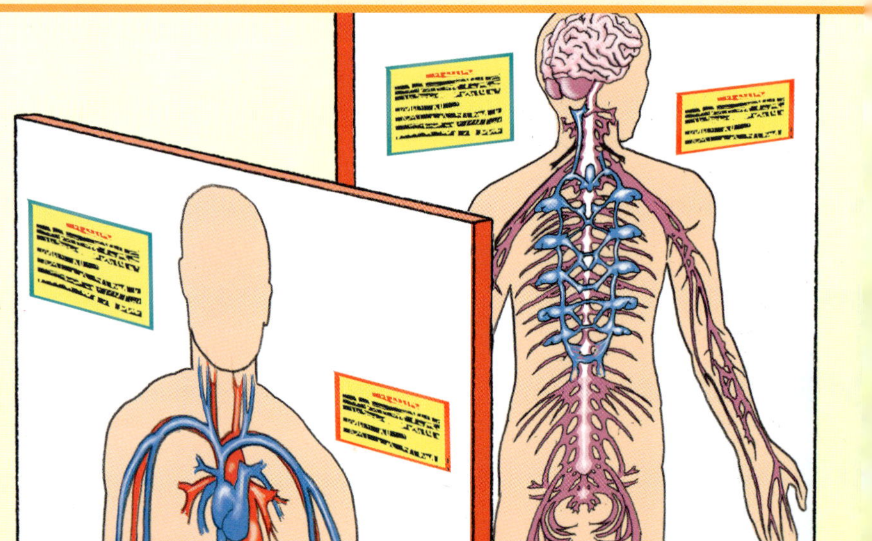

Menschen haben einen Körper mit einem Kopf, einem Hals, mit Brust und Bauch, zwei Armen und zwei Beinen, zwei Händen und zwei Füßen. Zum Körper gehören aber auch noch viele Knochen und Muskeln, das Blut und die Nerven und verschiedene Organe wie das Herz oder die Lunge. Das alles kann man von außen nicht sehen. Die einzelnen Teile eines Körpers arbeiten zusammen. Wenn sie das nicht tun würden, könnten wir nicht stehen, nicht laufen und auch nicht essen. So viele Dinge wie der Körper kann keine Maschine der Welt.

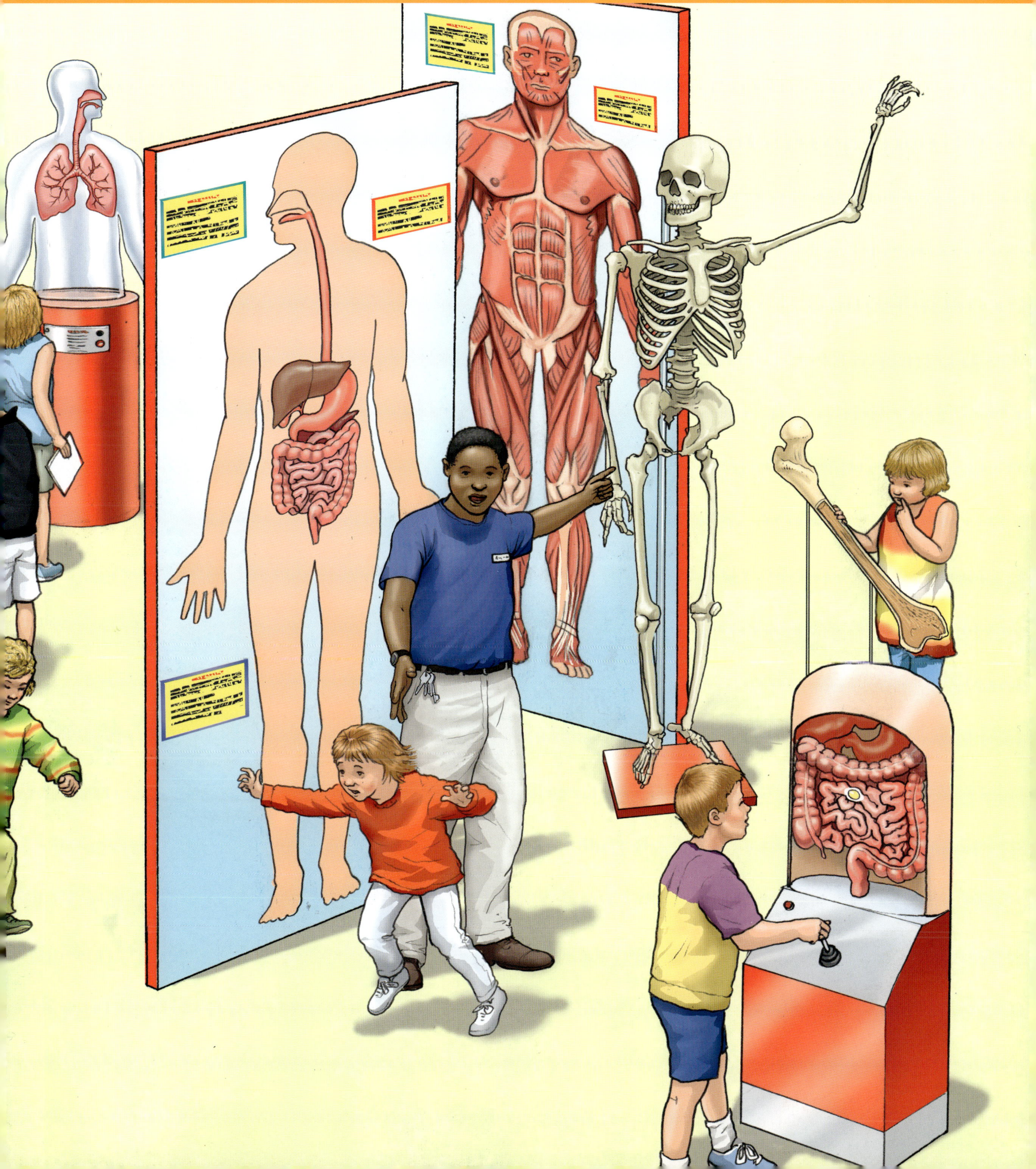

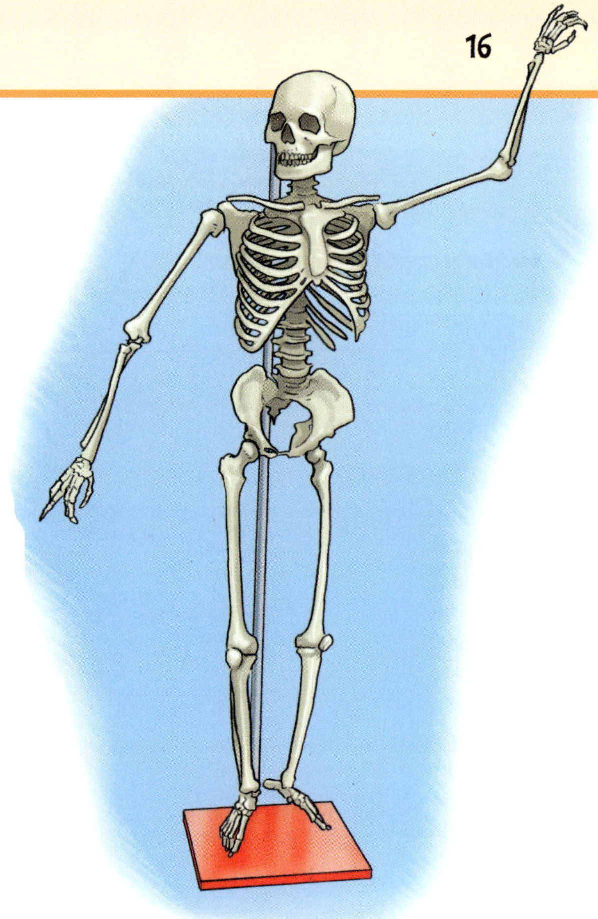

das Gehirn

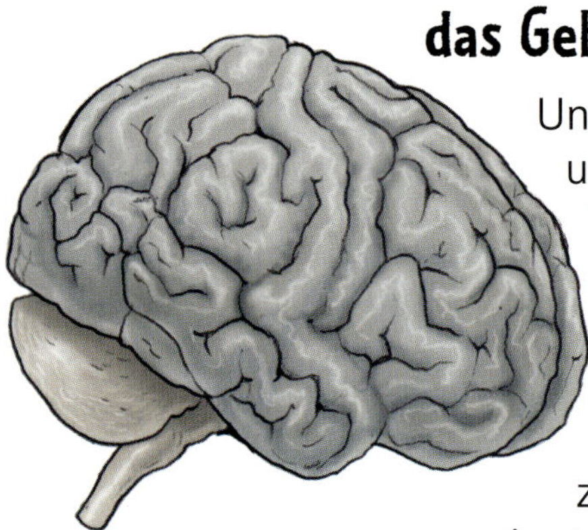

Unser Gehirn liegt geschützt unter dem harten Schädelknochen in unserem Kopf. Mit dem Gehirn können wir denken, träumen oder uns verlieben. Das Gehirn kann sich auch Dinge merken, zum Beispiel ein Lied. Wenn wir etwas trinken wollen, gibt das Gehirn den Befehl dazu und unsere Hand hebt das Glas hoch. Ohne das Gehirn könnten wir nicht sprechen, nicht sehen und nicht laufen.

der Knochen

In unserem Körper haben wir viele Knochen. Sie sind hart und sehr stabil. Durch Bänder sind die Knochen miteinander verbunden. Zusammen bilden sie das Skelett. Das Skelett hält unseren Körper aufrecht.

die Nerven

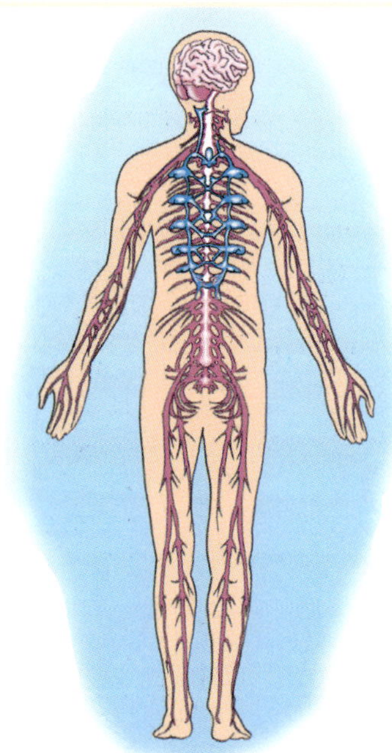

Vom Gehirn laufen viele Nervenbahnen durch den ganzen Körper. Über sie lenkt das Gehirn alles, was der Körper tut. Mit den Nerven fühlen wir auch. Fassen wir aus Versehen auf eine heiße Herdplatte, bemerken das die Nerven in unseren Fingern und melden es blitzschnell ans Gehirn. Das Gehirn befiehlt dann den Muskeln, die Hand sofort zurückzuziehen.

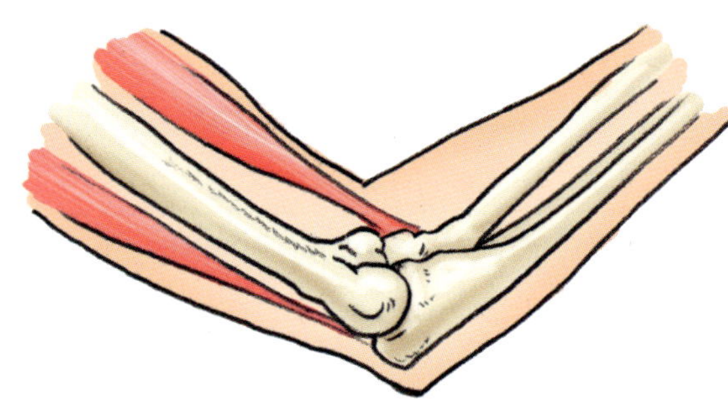

das Gelenk

Manche Knochen in unserem Körper sind durch ein Gelenk verbunden. Dadurch ist der Körper beweglich. Das Gelenk zwischen dem Knochen im Oberarm und dem Knochen im Unterarm ist der Ellbogen. Dort können wir den Arm beugen. Ein anderes Gelenk ist das Knie.

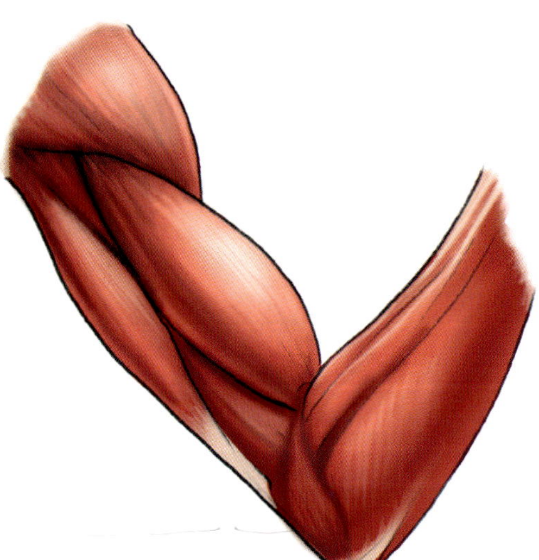

der Muskel

Muskeln sind überall im Körper. Wir brauchen sie, um uns zu bewegen. Unser Gehirn sagt den Muskeln, was sie tun sollen, ohne dass wir etwas davon bemerken. Wenn wir gehen, müssen viele Muskeln zusammenarbeiten, damit sich die Beine richtig bewegen.

das Herz

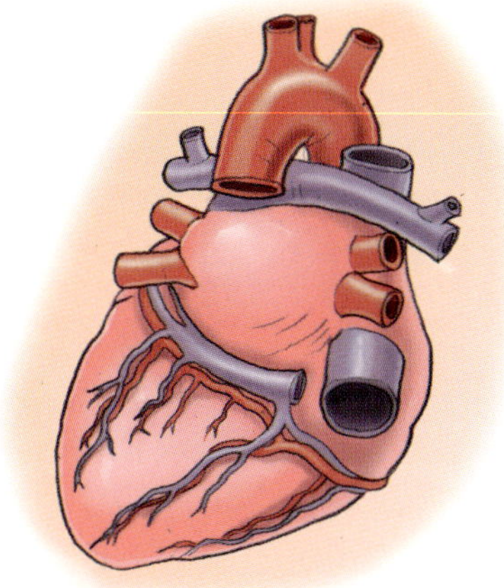

Wenn wir die Hand auf unsere Brust legen, können wir spüren, wie unser Herz schlägt. Das Herz ist ein großer, starker Muskel, der wie eine Pumpe funktioniert. Er pumpt das Blut durch den ganzen Körper. Dies spüren wir als Herzschlag. Wenn wir etwas Anstrengendes tun, muss auch das Herz stärker arbeiten und schlägt schneller.

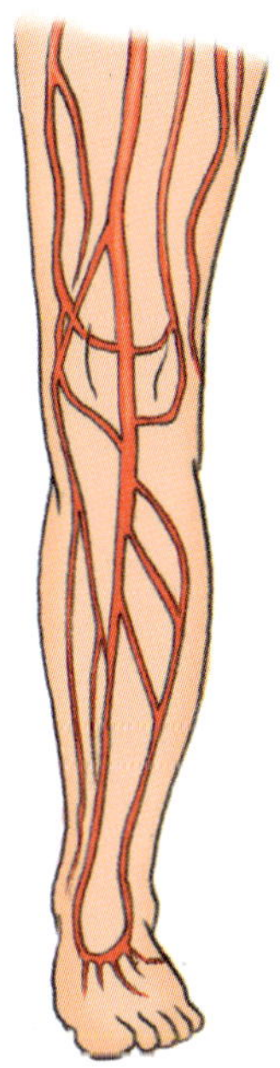

das Blut

Überall in unserem Körper verlaufen lange, sehr dünne Röhren, durch die Blut fließt. Sie heißen Adern. Das Blut ist immer in Bewegung und sorgt dafür, dass der Körper warm bleibt. Wie ein Fluss transportiert das Blut Nährstoffe und Sauerstoff zu allen Körperteilen. Erkältungen oder andere Krankheiten werden vom Blut bekämpft.

die Lunge

Mit der Lunge atmen wir. Beim Einatmen gelangt frische Luft in die Lunge. Die Luft enthält Sauerstoff, den der Körper zum Leben braucht. Das Blut verteilt ihn im Körper. Die verbrauchte Luft atmen wir aus der Lunge wieder aus.

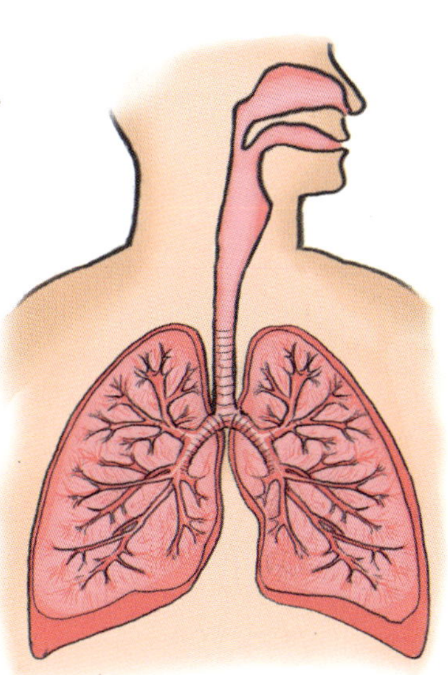

der Magen

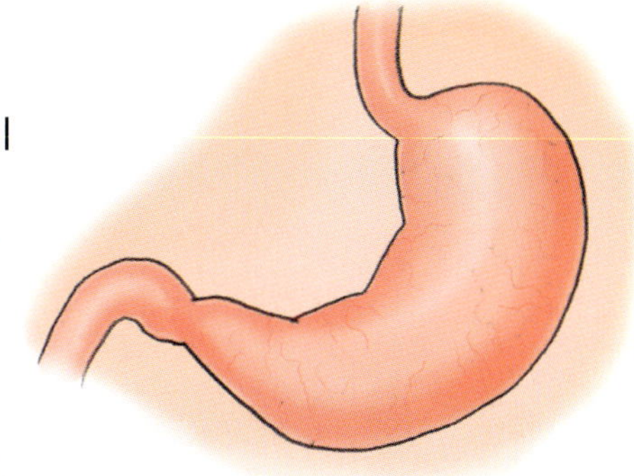

Wenn wir ein Stück Apfel nach dem Kauen hinunterschlucken, rutscht er durch die Speiseröhre in den Magen. Eine Flüssigkeit macht den Apfel dort zu einem Brei. Der Magen befindet sich im Bauch. Deswegen fühlt sich der Bauch manchmal so voll an, wenn wir zu viel gegessen haben.

der Darm

Alles, was wir essen, muss der Körper verdauen. Das heißt, er nimmt sich aus der Nahrung die Dinge heraus, die er braucht, um gesund zu sein. Dies passiert im Darm. Er ist ein sehr langer Schlauch, der eng gepackt in unserem Bauch liegt. Aus dem Darm gehen die Nährstoffe in den Körper. Der Rest landet in der Toilette.

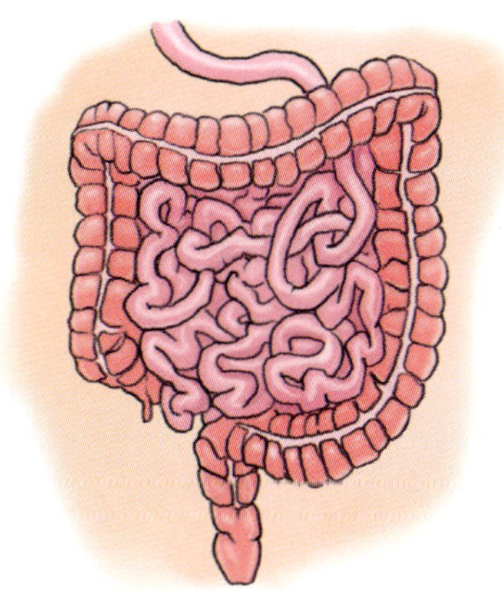

die Leber

Die Leber liegt zwischen Lunge und Magen. In der Leber wird das Blut des Körpers gereinigt. Sind giftige Stoffe darin, nimmt die Leber sie auf. Das saubere Blut fließt wieder in den Körper zurück. Die Leber hilft uns auch, sehr fettiges Essen zu verdauen. Wenn jemand viel Alkohol trinkt, gelangt zu viel Gift in seine Leber. Dann wird der Mensch krank.

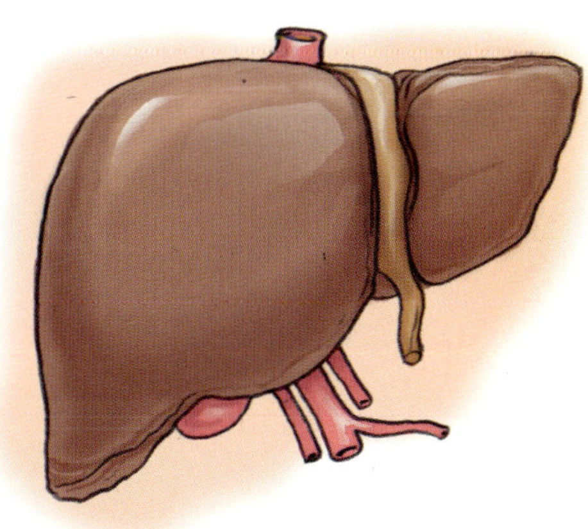

Die Sinne

Die Menschen haben fünf Sinne. Wir können sehen, hören, riechen, schmecken und fühlen. Für jeden Sinn gibt es ein Sinnesorgan. Die Augen können sehen. Unsere Ohren nehmen Geräusche wahr. Ob etwas gut riecht, merken wir mit der Nase. Die Zunge kann etwas Süßes oder Salziges schmecken. Und über die Haut können wir Kälte und Wärme spüren oder weiches Fell fühlen.

sehen

Wir haben zwei Augen, mit denen wir sehen können. Manche Augen sind braun, andere grün oder blau. In der Mitte haben alle Augen einen schwarzen Punkt, die Pupille. Durch diese Öffnung gelangt Licht in unser Auge und wir können das, was vor uns ist, sehen. Wenn es dämmert, sehen wir alles nur noch grau. Wenn es ganz dunkel ist, sehen wir nichts mehr. Viele Tiere sehen viel besser als wir. Katzen können sogar bei Nacht sehen.

fühlen

Um herauszufinden, ob das Wasser kalt oder warm ist, halten wir vielleicht die Hand ins Schwimmbecken. Wir können aber auch mit dem Fuß fühlen. Wir fühlen nämlich über die Haut. Sie ist unser größtes Sinnesorgan. Sie bedeckt den ganzen Körper.

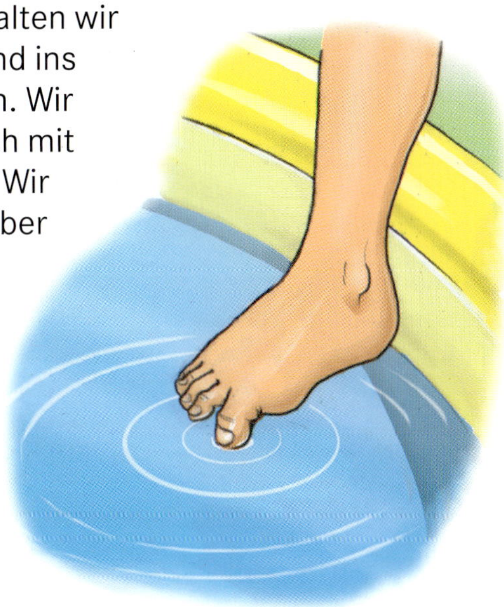

schmecken

Mit der Zunge können wir schmecken. Wenn wir kauen, bewegt sie das Essen im Mund hin und her. Auf der Zunge sind viele winzige Geschmacksknospen. Sie testen, ob das Essen süß oder salzig, bitter oder sauer schmeckt. Die Zungenspitze schmeckt alles Süße. Einen bitteren Geschmack erkennt die Zunge weiter hinten. Die Nase hilft uns beim Schmecken. Riecht das Essen nicht gut, schmeckt es uns auch meist nicht.

hören

Wir hören mit den Ohren. Wenn jemand spricht, Klavier spielt oder hämmert, fängt die Luft an zu schwingen und unsichtbare Schallwellen gelangen in unser Ohr. Dort treffen sie auf das Trommelfell, das auch anfängt zu schwingen. Nerven melden diese Schwingung dem Gehirn und wir hören die Geräusche.

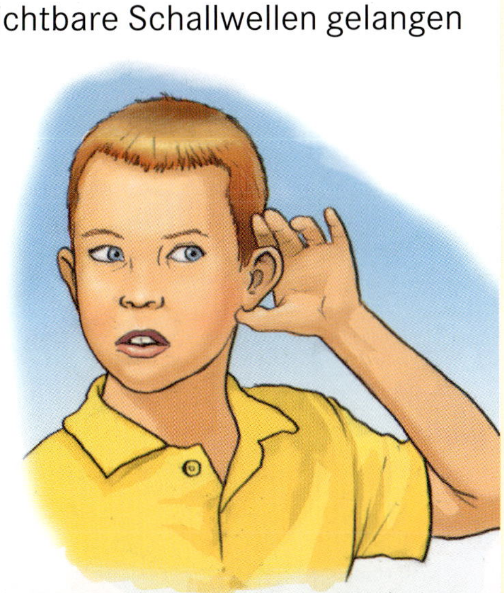

riechen

Die Nase ist das Sinnesorgan, mit dem wir riechen können. Wenn jemand in unserer Nähe Würstchen grillt, atmen wir den Geruch mit der Luft ein. Der Duft reizt kleine Riechzellen in unserer Nase. Die Nerven geben ihn an das Gehirn weiter. Jetzt riechen wir die Würstchen. Unser Gehirn entscheidet, ob wir den Geruch mögen oder nicht. Mit Schnupfen riechen wir einen Duft oft nicht, denn die Nase ist verstopft.

Leben

Das Leben kann ganz schön aufregend sein. Mal sind wir glücklich, ein anderes Mal traurig. Manchmal ärgern wir uns über etwas und streiten sogar mit unserem besten Freund. Am nächsten Tag sind wir wieder gut gelaunt und der Streit und die Wut sind vergessen. Alle diese Gefühle gehören zu unserem Leben dazu. Genauso müssen wir trinken und essen, damit wir den ganzen Tag fit und munter sind. Und wir müssen genug schlafen, damit sich unser Körper von den Erlebnissen des Tages erholen kann und wir nicht krank werden.

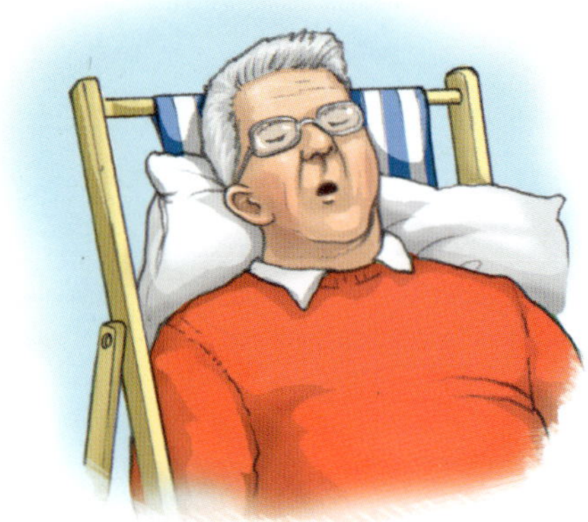

schlafen

Den ganzen Tag sind wir auf den Beinen. Abends werden wir müde und gehen schlafen. Im Schlaf kann sich der Körper erholen. Alle Menschen träumen dabei, aber manchmal kann man sich hinterher nicht mehr an den Traum erinnern. Wenn wir müde sind, schlafen wir auch am Tag.

essen und trinken

Um zu wachsen und gesund zu bleiben, müssen wir regelmäßig essen und viel trinken. Wenn wir Hunger bekommen, sagt uns unser Körper, dass er etwas zu essen braucht.

arbeiten

Erwachsene müssen arbeiten, um Geld zu verdienen. Meistens ist der Arbeitsplatz nicht zu Hause. Aber auch zu Hause gibt es Arbeit, wie kochen, putzen oder Wäsche waschen.

krank sein

Funktioniert ein Teil unseres Körpers nicht mehr richtig, sind wir krank und fühlen uns schlapp. Dann braucht der Körper Ruhe, damit er wieder gesund wird. Manchmal hilft uns ein Medikament. Einige Krankheiten sind ansteckend. Dann sollten wir anderen Menschen nicht zu nahe kommen, sonst werden sie auch krank.

traurig sein

Im Leben passieren auch traurige Dinge, zum Beispiel wenn wir etwas verlieren, was wir gerne haben. Traurig sein ist ein Gefühl, das weh tut. Oft weinen wir. Und wir fühlen uns schlapp und niedergeschlagen wie bei einer Krankheit. Nur hilft jetzt keine Medizin, denn unser Körper ist gesund. Was uns hilft, ist jemand, der uns zuhört, uns in den Arm nimmt und tröstet.

fröhlich sein

Manchmal sind wir traurig, aber oft sind wir auch sehr fröhlich und glücklich. Dann lachen wir viel und alles macht Spaß. Wir freuen uns, dass jemand zu Besuch ist, den wir gern haben, oder weil wir einen leckeren Kuchen gebacken haben. Oder es geht uns einfach so gut.

eifersüchtig sein

Manchmal hat jemand anders etwas, das wir auch gerne hätten, wie einen Luftballon. Oder er wurde auf ein Fest eingeladen und wir nicht. Dann sind wir eifersüchtig oder neidisch. Wenn man dann an etwas Schönes denkt, was man selber hat, braucht man nicht mehr eifersüchtig zu sein.

sterben

Ist ein Körper schon sehr alt und müde oder sehr krank, schläft er für immer ein. Dann stirbt der Mensch. Wenn wir oft an ihn denken, lebt er in unseren Gedanken weiter. Auch Tiere und Pflanzen sterben. Stirbt ein Baum, wächst manchmal an derselben Stelle ein neuer Baum nach.

streiten

Gibt es nur ein Spielzeugauto und zwei Kinder wollen damit spielen, gibt es oft Streit. Jeder will das Auto haben. Wenn man sich wieder versöhnt, ist der Streit vorbei.

wütend sein

Wut entsteht, wenn wir uns sehr über etwas ärgern. Wir haben das Gefühl, dass uns jemand Unrecht getan hat. Wir möchten mit den Füßen auf den Boden stampfen und laut schimpfen. Dann geht die Wut irgendwann wieder vorbei.

Angst haben

Angst ist ein unangenehmes Gefühl. Wir fangen an zu schwitzen oder zu zittern und das Herz schlägt schneller und pocht laut. Manche Menschen haben Angst im Dunkeln oder vor Hunden. Wenn wir unsere Angst einem Freund oder den Eltern erzählen, hilft das sehr und wir beruhigen uns meistens schnell wieder.

lieben

Wenn man sich besonders freut, weil Mutter oder Vater nach Hause kommen oder weil die Oma zu Besuch ist, ist das ein Zeichen dafür, dass man den Menschen liebt. Man kann auch einen Freund oder eine Freundin lieben und ist gemeinsam sehr glücklich. Lieben ist eines der schönsten Gefühle, die es gibt.

Zu Hause

Vor allem in der Stadt gibt es große Mietshäuser mit vielen Wohnungen, in denen mehrere Familien wohnen. Andere Menschen leben in einem eigenen Haus. Zu einem Haus gehören oft ein Garten und eine Garage für das Auto.

In einer Wohnung oder einem Haus gibt es viele Zimmer, in denen wir verschiedene Dinge tun: eine Küche, in der gekocht und gebacken wird, ein Wohnzimmer, ein Badezimmer und Schlafzimmer für die Kinder und die Eltern. Hat das Haus mehrere Stockwerke, führt vom Flur aus eine Treppe nach oben.

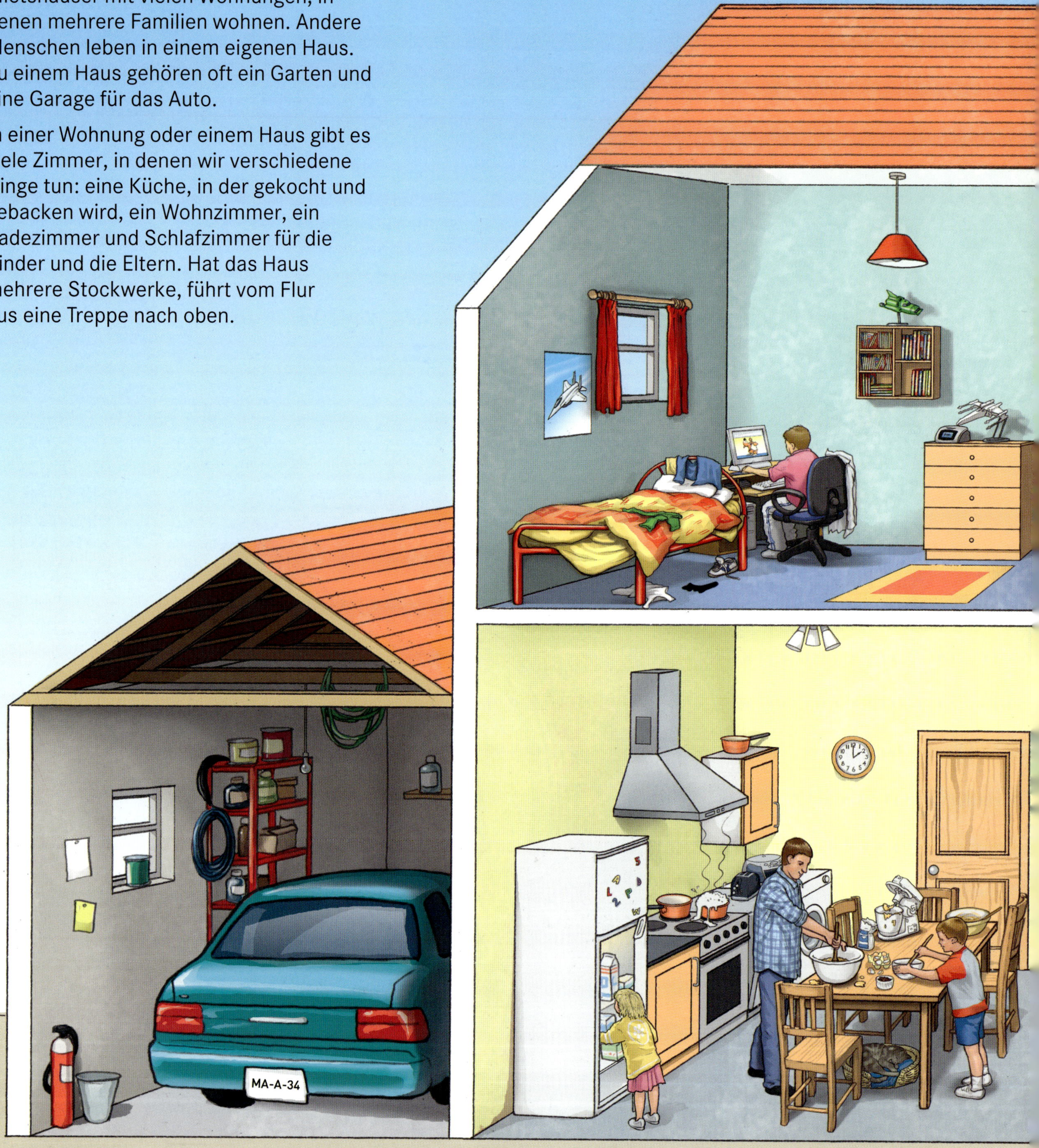

der Herd

Oben auf einem Herd kann man Gemüse oder Reis kochen, unten im Ofen einen Kuchen oder ein Hähnchen backen. Dazu dreht man die Schalter am Herd, und die Herdplatten oder der Ofen werden sehr heiß.

das Radio

Mit einem Radio kann man Nachrichten oder Musik hören. Sie werden in einem Studio aufgenommen. Das Studio verwandelt die Töne in unsichtbare Funkwellen, die durch die Luft gesendet werden. Das Radio empfängt die Wellen mit seiner Antenne. Wenn wir es einschalten, hören wir das Programm.

der Kühlschrank

Wenn wir frische Milch, Käse oder Fleisch einkaufen, legen wir die Einkäufe in den Kühlschrank. Dort werden sie gekühlt und bleiben länger frisch.

der Fernseher

Im Fernseher kann man sich Fernsehsendungen angucken. Die Sendung wird mit einer Kamera aufgenommen. Von einem Studio wird sie mit unsichtbaren Strahlen in die Luft gesendet. Hat ein Haus eine runde Satellitenantenne auf dem Dach, empfängt sie die Sendung und leitet sie zum Fernseher.

die Steckdose

Wenn wir einen Fön oder ein anderes elektrisches Gerät benutzen wollen, stecken wir den Stecker in die Steckdose. Über den Stecker und das Kabel gelangt elektrischer Strom aus der Steckdose in den Fön. Nun können wir ihn anschalten und uns die Haare trocknen. Der Strom kommt aus großen Kraftwerken zu uns ins Haus. Da Strom sehr gefährlich ist, darf man nie in eine Steckdose fassen.

die Glühbirne

Eine Glühbirne sorgt dafür, dass es im Zimmer hell wird. In ihrem Glaskolben ist ein dünner Draht. Wenn wir den Lichtschalter anknipsen, fließt Strom durch ein Kabel in der Wand in den Draht der Glühbirne. Der Draht wird ganz heiß und fängt an zu leuchten.

das Telefon

Mit einem Telefon können wir mit jemandem sprechen, der an einem anderen Ort ist. Im Telefonhörer sind ein kleines Mikrofon und ein Lautsprecher. Das Mikrofon nimmt auf, was wir in den Hörer sprechen. Unsere Stimme wird durch eine lange Telefonleitung in der Erde zum anderen Telefon geleitet und ist dort durch den Lautsprecher hörbar.

die Waschmaschine

Schmutzige Wäsche wäscht man in der Waschmaschine. Man gibt Waschmittel hinzu und die Kleidung wird mit viel Wasser so lange in der Waschtrommel gedreht, bis sie sauber ist. Früher hatte man ein Waschbrett und rieb die Wäsche darauf mühsam mit der Hand sauber.

die Toilette

Die Toilette oder das Klo bestehen aus einer Kloschüssel und einem Spülkasten mit Wasser. Der Spülkasten ist über ein Rohr mit der Kloschüssel verbunden. Spülen wir, läuft Wasser durch die Kloschüssel. Von dort führt ein Rohr durch die Wand nach unten in die Erde. Was wir in der Toilette hinunterspülen, fließt durch Rohre in der Erde zur Kläranlage.

die Uhr

Eine Uhr zeigt an, wie spät es ist. Der große Zeiger misst die Minuten. In 60 Minuten wandert er einmal um das Zifferblatt. Dann ist eine Stunde vergangen. Der kleine Zeiger zeigt die Stunden an. Steht er auf der Zwei und der Minutenzeiger auf der Zwölf, ist es zwei Uhr.

die Heizung

Wenn es kalt ist, drehen wir die Heizung an. Früher gab es in jedem Zimmer einen großen Ofen, in dem Kohle oder Holz verbrannt wurde. Heute sind kleine Heizkörper über Rohre miteinander verbunden, durch die heißes Wasser fließt.

der Computer

Ein Computer ist eine Maschine, die viel schneller rechnen kann als ein Mensch. Mit der Tastatur kann man auf dem Computer schreiben. Was man schreibt, sieht man auf dem Bildschirm. Vielen Menschen hilft der Computer bei der Arbeit, andere spielen Spiele damit.

Im Kindergarten

Bevor Kinder in die Schule kommen, gehen sie in den Kindergarten. Morgens kommen sie dort mit vielen anderen Kindern zusammen. Sie malen gemeinsam, machen Musik oder basteln. In der Leseecke kann man sich Bücher ansehen und bei schönem Wetter draußen auf dem Hof spielen.

die Erzieherin

Im Kindergarten arbeiten Erzieherinnen und Erzieher. Sie passen auf die Kinder auf, lesen ihnen Geschichten vor, basteln und machen Ausflüge mit ihnen. Wenn ein Kind hingefallen oder traurig ist, trösten sie es.

lesen

Im Kindergarten gibt es viele Bücher mit Geschichten darin. Wenn eine Erzieherin daraus vorliest, kann sich jeder im Kopf Bilder zu der gelesenen Geschichte vorstellen. Einfache Wörter können manche Kinder schon selbst lesen.

schreiben

Beim Schreiben werden Buchstaben aneinandergereiht. Gemeinsam ergeben sie ein Wort. Alle Buchstaben zusammen nennt man das Abc oder Alphabet. Jeder Buchstabe hat eine bestimmte Form aus geraden oder geschwungenen Linien, die man auf Papier schreibt. Meistens lernt jeder zuerst seinen Namen schreiben.

musizieren

Mit einem Musikinstrument kann man Musik machen. Wenn man zum Beispiel mit Holzschlägeln auf einem Glockenspiel spielt, entstehen Töne. Spielt man bestimmte Töne hintereinander, ergeben sie ein Lied.

der Freund

Jeder Mensch braucht einen Freund. Das ist jemand, dem man alles erzählen kann. Mit einem Freund versteht man sich besonders gut. Man kann miteinander spielen und zusammen über lustige Sachen lachen.

experimentieren

Mit Experimenten kann man viele spannende Dinge herausfinden. Beim Experimentieren muss man genau beobachten, was passiert. Hält man zum Beispiel eine Plastikflasche unter Wasser und drückt darauf, blubbert es. Das heißt, dass in der Flasche Luft war, die nun in Blasen nach oben steigt. Setzt man ein Insekt mit einem Blatt in ein leeres Glas, kann man sich mit der Lupe genau ansehen, wie das Insekt das Blatt frisst.

Im Krankenhaus

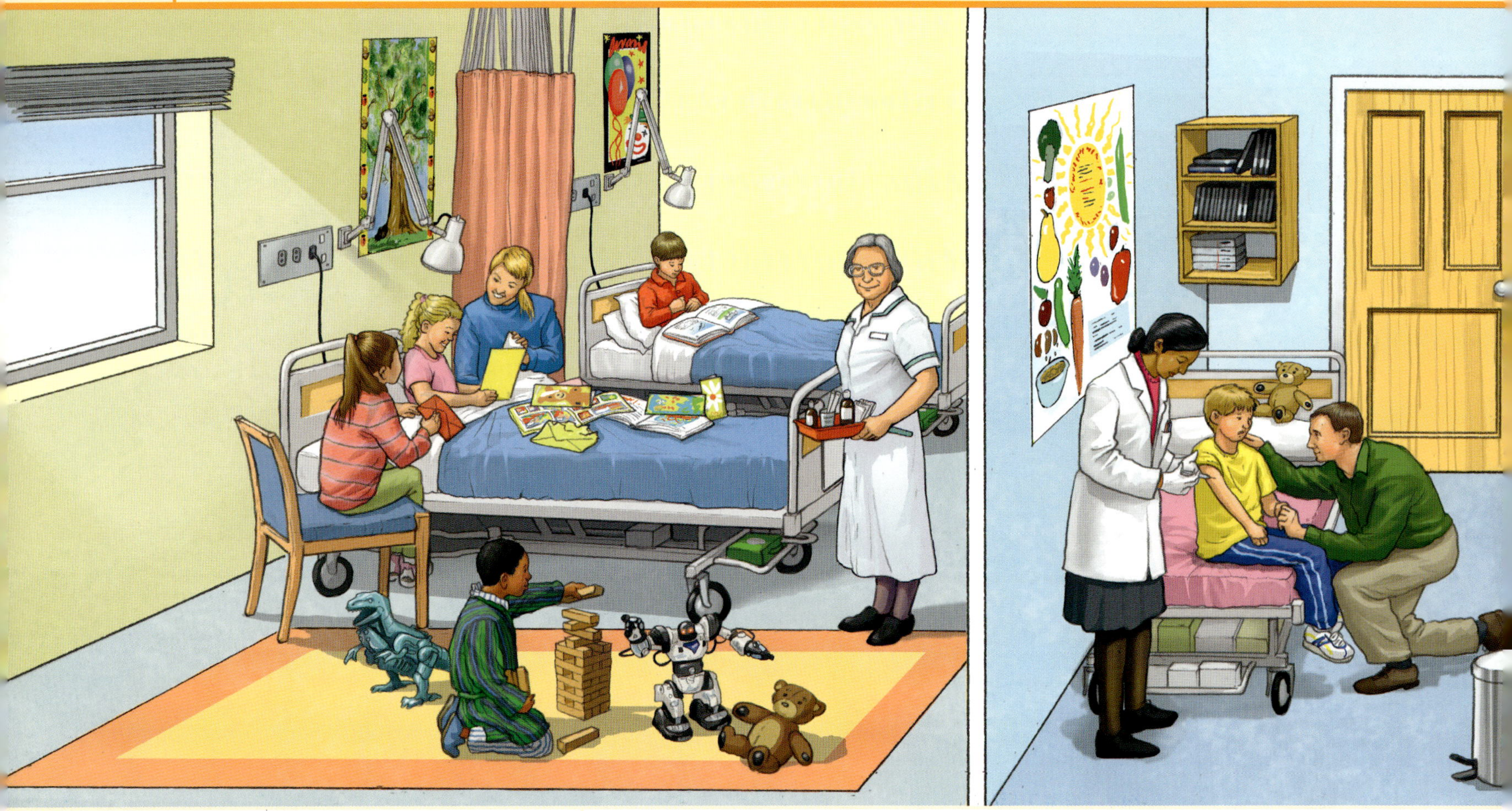

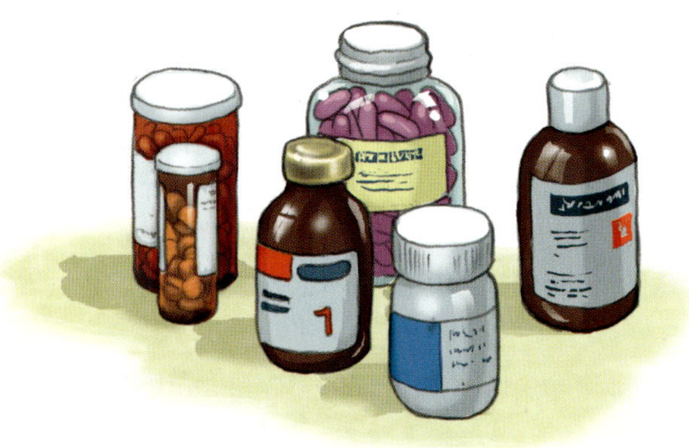

das Medikament

Ein Medikament wird auch Arznei, Heilmittel oder Medizin genannt. Es hilft, eine Krankheit zu heilen oder zu verhindern. Das Medikament kann eine Tablette, ein Zäpfchen oder ein Saft sein. Wenn der Arzt ein Medikament verschreibt, bekommt man ein Rezept. Damit kann man das Medikament in der Apotheke kaufen.

der Arzt

Ärzte kennen sich sehr gut mit Krankheiten aus. Wenn man krank ist, erzählt man dem Arzt oder der Ärztin, wie man sich fühlt oder wo genau es einem weh tut. Sie untersuchen den Körper sehr gründlich und versuchen herauszufinden, was der Grund für die Krankheit ist. Dann helfen sie einem, wieder gesund zu werden.

die Krankenschwester

In einem Krankenhaus arbeiten Krankenschwestern und Krankenpfleger. Sie kümmern sich um die Patienten, bringen die Medikamente oder das Essen und etwas zu trinken. Manchmal legen sie dem Patienten auch einen Verband an oder messen seine Temperatur, wenn er Fieber hat.

In einem Krankenhaus werden Menschen gepflegt, die krank sind. Hier können sie operiert werden oder besondere Behandlungen bekommen, damit sie wieder gesund werden.

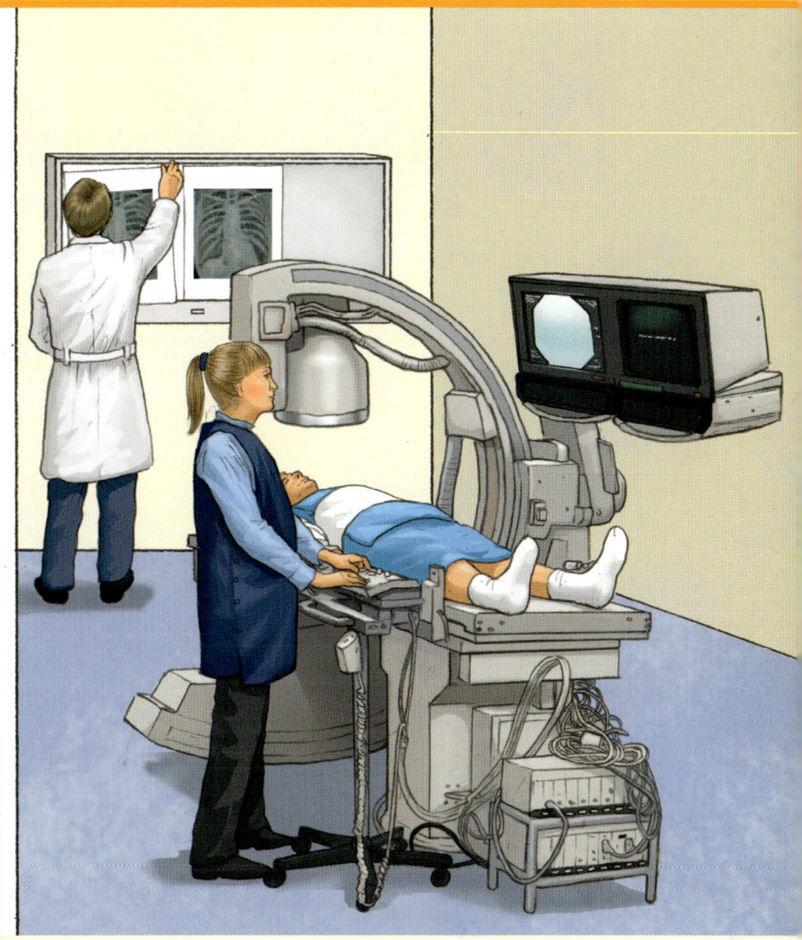

röntgen

Wenn man sich das Bein oder eine Rippe gebrochen hat, wird man geröntgt. Mit Röntgenstrahlen kann man die Haut und die Muskeln durchleuchten und ein Bild von den Knochen machen. Auf dem Röntgenbild sieht der Arzt die Stelle, an der der Knochen gebrochen ist.

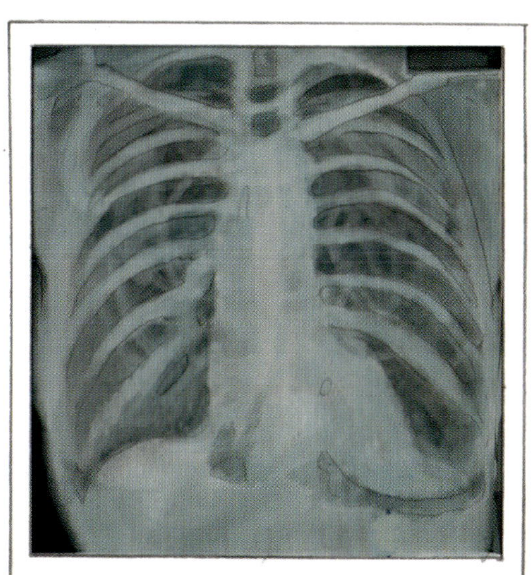

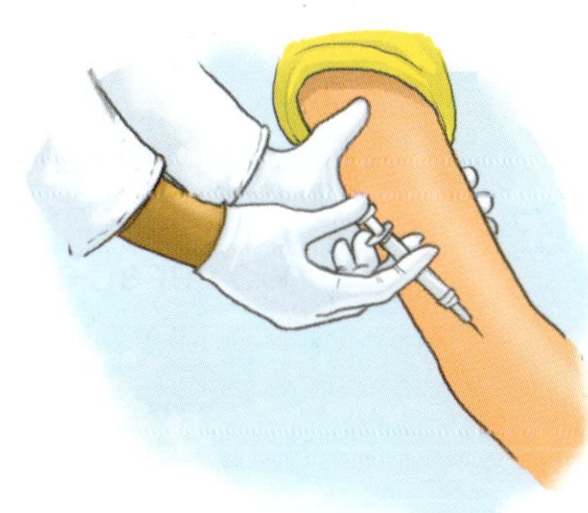

die Spritze

Eine Spritze hat vorne eine dünne Nadel, mit der Blut abgenommen oder ein Impfstoff unter die Haut gespritzt wird. Durch eine Impfung ist der Körper besser vor ansteckenden Krankheiten geschützt.

das Stethoskop

Ein Stethoskop ist ein Hörrohr, mit dem man Geräusche im Körper besser hören kann. Beim Ein- und Ausatmen hört der Arzt zum Beispiel, ob die Lunge gut funktioniert.

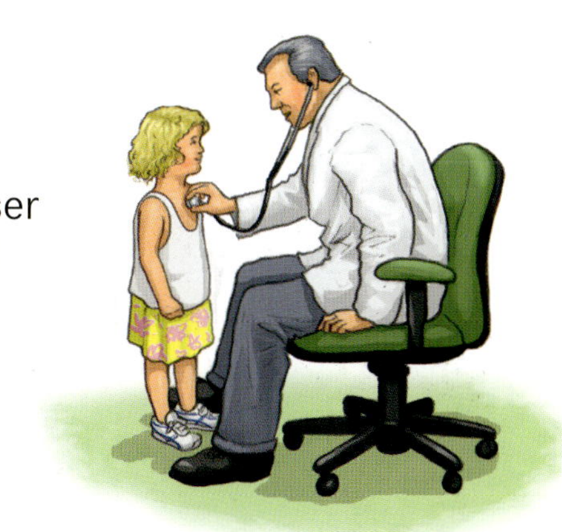

Beim Einkaufen

Wenn wir etwas zu essen und zu trinken oder Klopapier, Seife und Zahnpasta einkaufen wollen, können wir in den Supermarkt gehen. Dort gibt es viele Regale, in denen man alles findet. Frisches Obst und Gemüse gibt es auch im Gemüseladen oder auf dem Wochenmarkt. Brauchen wir nur Brot und Brötchen, gehen wir in die Bäckerei.

das Fleisch

Das Fleisch, das wir essen, stammt von Tieren, meist von Schweinen, Rindern oder Hühnern. Sie werden dafür gezüchtet und geschlachtet. Fleisch muss man braten oder kochen, bevor man es isst.

das Obst und Gemüse

Wer Obst und Gemüse isst, ernährt sich gesund, denn sie enthalten Vitamine. Obst isst man meist roh, Gemüse wird oft kurz gekocht. Viele Obst- und Gemüsesorten kann man zu Saft pressen.

die Milch

Kühe geben Milch. Sie werden jeden Tag gemolken. In großen Kühlwagen wird die Milch in die Molkerei gebracht und verpackt. Milch wird auch zu Käse, Butter oder Joghurt weiterverarbeitet.

das Brot

Brot wird aus Mehl gemacht. Mehl ist Getreide, wie Weizen, Roggen oder Hafer, das in einer Mühle fein gemahlen wurde. Mit Wasser wird es zu einem Teig gemischt und im Ofen zu Brot gebacken.

das Geld

Um etwas kaufen zu können, brauchen wir Geld. Früher gab es kein Geld. Wenn man etwas brauchte, tauschte man es gegen etwas, das man hatte. Wer Schweine züchtete und ein Brot backen wollte, tauschte ein Schwein gegen ein paar Säcke Mehl. Sie waren gleich viel wert. Heute kostet alles einen bestimmten Preis und wir tauschen das, was wir haben möchten, gegen Geld. Unser Geld wird Euro genannt. Es gibt Münzen und Geldscheine aus Papier. Man kann auch mit einer Bankkarte bezahlen.

die Kasse

An der Kasse werden alle Dinge bezahlt, die man einkaufen möchte. Man legt die Waren aus dem Einkaufswagen auf ein Fließband. Der Kassierer oder die Kassiererin liest mit einem besonderen Gerät die Preise auf den Verpackungen. Manchmal werden die Preise auch von Hand in die Kasse eingetippt. Am Ende rechnet die Kasse den Preis aus, den man bezahlen muss, und man gibt dem Kassierer das Geld.

Unterwegs

Wenn wir einen Freund besuchen wollen, müssen wir manchmal bis ans andere Ende des Ortes. Wir fahren mit dem Fahrrad, mit dem Bus oder mit dem Auto. Möchten wir übers Wochenende oder in den Ferien in eine andere Stadt, können wir auch den Zug nehmen. Bei einer weiten Urlaubsreise fliegen wir mit dem Flugzeug oder fahren vielleicht sogar mit einem Schiff. Den weitesten Weg legen Astronauten zurück, die mit Raumschiffen ins Weltall fliegen.

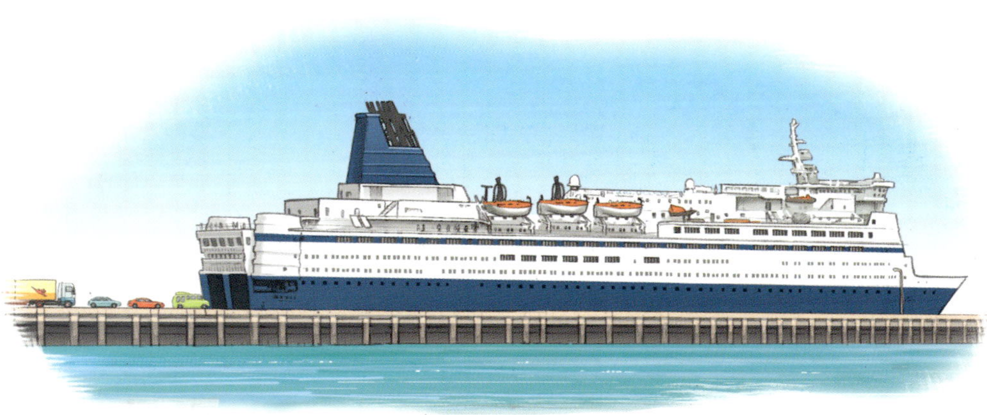

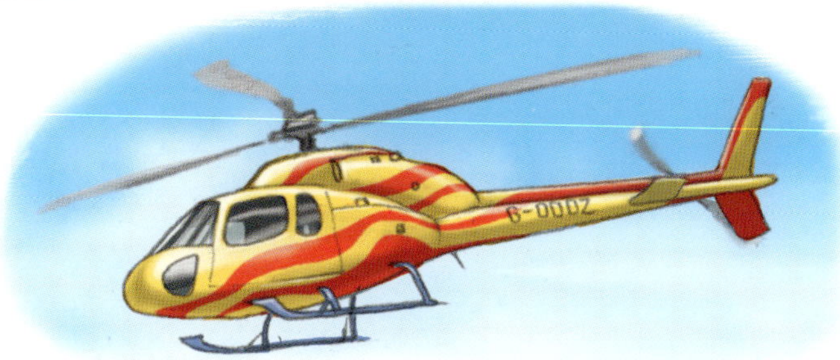

In diesem Kapitel ist auf jedem großen Bild ein brauner Teddybär versteckt. Findest du ihn?

In der Stadt

In einer Stadt leben viele Menschen. Sie besuchen dort die Schule, arbeiten in Büros, Geschäften oder Fabriken. Die meisten wohnen in Häusern, die aus vielen Wohnungen bestehen. Es gibt Museen, Kinos, Restaurants und Geschäfte, in denen man fast alles kaufen kann. Meistens gibt es auch mehrere Märkte. Früher war es sogar festgelegt, dass nur in einer Stadt ein Markt sein durfte. Eine Ortschaft mit wenigen Bewohnern ist ein Dorf.

Bizco
B
Fantasm
Fantasm
MONO EXPRESSO
MONO EXPRESSO

der Markt

Wenn Markt ist, kommen die Bauern vom Land in die Stadt und verkaufen frisches Obst und Gemüse. Man kann auch andere Lebensmittel und Blumen kaufen, manchmal sogar Kleidung oder Spielzeug. Meistens findet der Markt ein oder zwei Mal in der Woche statt.

das Sportstadion

In einem Stadion finden Sportwettkämpfe wie Fußballturniere oder die Olympischen Spiele statt. In der Mitte ist das Spielfeld. Darum herum sitzen viele Zuschauer auf einer Tribüne. Manchmal gibt es in Stadien auch Konzerte.

das Bürohaus

Viele Menschen haben einen Beruf, bei dem sie in einem Büro arbeiten. Sie sitzen an einem Schreibtisch und müssen viel schreiben oder telefonieren. Die meisten arbeiten mit einem Computer.

das Hotel

Menschen, die auf einer Reise sind, wohnen in einem Hotel. Dort mieten sie ein Zimmer, in dem sie schlafen und das Bad benutzen können. Morgens gibt es ein Frühstück, manchmal kann man auch zu Mittag und zu Abend essen. Vor der Abreise bezahlen die Gäste an der Rezeption ihr Zimmer und das Essen.

die Fabrik

Viele Dinge werden in Fabriken hergestellt, wie Schuhe oder Fahrräder. Die Menschen arbeiten an großen Maschinen und fertigen viele Schuhe in kurzer Zeit.

der Supermarkt

Früher gab es Fleisch nur beim Metzger, Brot beim Bäcker und Zahnpasta in der Drogerie. Heute bekommt man alle diese Dinge auch im Supermarkt. Die Waren sind dort oft billiger. Viele Lebensmittel sind jedoch nicht frisch, sondern abgepackt, in Dosen oder sogar tiefgefroren.

das Museum

In einem Museum sind seltene und wertvolle Dinge ausgestellt, die man sich ansehen kann, zum Beispiel Bilder von berühmten Künstlern oder Skelette von Dinosauriern. Es gibt auch Museen, in denen man Experimente machen kann und lernt, wie etwas funktioniert.

das Theater

Im Theater führen Schauspieler vor Zuschauern ein Theaterstück auf. Sie spielen auf einer Bühne vor einem Bühnenbild, das zum Beispiel einen Wald oder eine Burg darstellt. Manche Geschichten sind lustig, manche traurig.

der Park

In einem Park gibt es viele Bäume und Wiesen, manchmal sogar einen See. Ein Park wird angelegt, damit die Menschen dort spazieren gehen oder spielen und sich erholen können.

die Moschee

In einer Moschee treffen sich Menschen fünf Mal am Tag, um gemeinsam zu beten. Man nennt sie Muslime. Zum Beten liegen in der Moschee viele Teppiche aus. Bevor man in das Gebäude geht, ziehen alle die Schuhe aus. Frauen und Männer beten in getrennten Räumen. Der schmale, lange Turm der Moschee heißt Minarett.

die Kirche

In einer Kirche treffen sich Menschen, um gemeinsam Gottesdienst zu feiern. Man nennt sie Christen, weil sie an Jesus Christus glauben. Eine Taufe oder Hochzeit wird auch in der Kirche gefeiert. Viele Kirchen haben einen Glockenturm mit einer Uhr. Oft gibt es einen Friedhof, auf dem Menschen, die gestorben sind, begraben werden. Das Haus, in dem jüdische Menschen beten, heißt Synagoge.

In einer Stadt ist meistens viel los, vor allem im Straßenverkehr. Die Menschen fahren mit dem Rad, mit dem Auto oder dem Bus zur Arbeit oder zum Einkaufen. Müllabfuhr, Polizei- und Feuerwehrautos sind unterwegs. Damit kein Unfall passiert, müssen alle die Verkehrsregeln beachten. Alle Autos müssen auf der rechten Straßenseite fahren. Fußgänger können eine Straße an einer Ampel oder an einem Fußgängerüberweg überqueren.

BANK
POST
POLIZEI

das Geschäft

In der Fußgängerzone und an belebten Straßen sind viele Geschäfte. Darin werden Brot, Gemüse, Zeitschriften oder auch Schuhe verkauft. Ein Geschäft ist kleiner als ein Supermarkt und bietet nur bestimmte Dinge an.

das Verkehrszeichen

Ohne Verkehrszeichen gäbe es ein großes Durcheinander auf den Straßen. Darum gibt es Verkehrsschilder, die anzeigen, wie schnell man fahren darf, wer Vorfahrt hat oder wo ein Zebrastreifen ist.

die Müllabfuhr

In jedem Haus wird der Müll in Mülltonnen gesammelt. An bestimmten Tagen kommt die Müllabfuhr. Sie holt den Müll ab und fährt ihn zu einer Fabrik. Dort wird er gelagert, verbrannt oder wiederverwertet.

die Untergrundbahn

Eine Untergrundbahn heißt auch kurz U-Bahn. Sie fährt auf Gleisen in Tunneln unter der Erde. Steile Treppen führen zu den Bahnsteigen hinunter.

der Krankenwagen

Wenn sich jemand schwer verletzt, kommt ein Krankenwagen. Er fährt mit Blaulicht und Martinshorn durch die Stadt, damit die Autos ihm Platz machen. Im Krankenwagen sitzen Ärzte und Sanitäter. Sie helfen dem Verletzten und bringen ihn ins Krankenhaus.

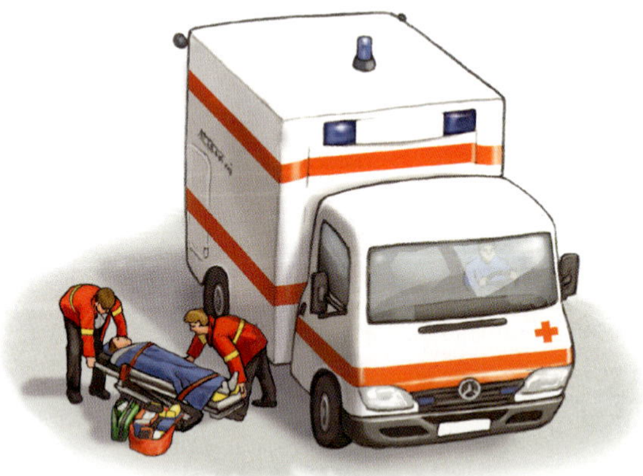

die Feuerwehr

Wenn es brennt, wird die Feuerwehr alarmiert. Entweder jemand ruft sie an oder der Feuermelder in dem brennenden Gebäude löst ein Signal aus. In wenigen Minuten ist der Einsatzwagen da. Zuerst müssen alle Personen gerettet werden, dann löschen die Feuerwehrleute den Brand. Dafür benutzen sie oft Drehleitern, die ausgefahren werden können. Die Feuerwehr hilft auch bei Verkehrsunfällen oder bei Katastrophen, zum Beispiel bei Überschwemmungen.

der Zebrastreifen

Ein weiß gestreifter Fußgängerüberweg auf einer Straße heißt Zebrastreifen. Er wurde nach dem Fell der Zebras benannt. Steht ein Fußgänger an einem Zebrastreifen, müssen die Autos anhalten und ihn über die Straße gehen lassen.

die Polizei

Die Aufgabe der Polizei ist es, das Leben der Menschen zu schützen. Polizisten kommen zum Beispiel, wenn ein Unfall passiert ist. Wenn eine Ampel ausfällt, regelt ein Verkehrspolizist den Verkehr. Kriminalpolizisten klären Verbrechen auf.

die Bank

Viele Menschen sparen ihr Geld auf einem Konto bei einer Bank. Am Geldautomaten heben sie das Geld ab.

die Post

Bei der Post kann man einen Brief oder ein Paket aufgeben. Dort bekommen sie die richtige Briefmarke. Mit dem Postauto, dem Zug oder dem Flugzeug werden sie verschickt und vom Briefträger an die richtige Adresse gebracht.

das Restaurant

In einer Stadt gibt es viele verschiedene Restaurants. Die Gäste bestellen dort etwas zu essen und zu trinken. Oft kann man Gerichte aus anderen Ländern probieren.

die Ampel

An einer Straßenkreuzung stehen meist mehrere Ampeln. Jede hat zwei oder drei Lichter, die den Verkehr regeln. Das rote Licht oben bedeutet „stehen bleiben“. Leuchtet das untere, grüne Licht, darf man weiterfahren oder weitergehen. Gelb heißt, dass es gleich rot oder grün wird.

der Bus

In einem Bus können sich viele Menschen von einem Ort zum anderen fahren lassen. An Haltestellen steigen die Fahrgäste ein oder aus. Wer mitfährt, braucht einen Fahrschein.

Auf der Straße

Straßen gibt es in der Stadt und auf dem Land. Auf den Straßen fahren viele unterschiedliche Fahrzeuge: Motorräder, kleine und große Autos, Busse und Lastwagen. Es gibt auch verschiedene Arten von Straßen. Manche sind so schmal, dass nur ein Auto darauf passt, andere haben mehrere Fahrspuren nebeneinander. Wer in ein Dorf fahren will, benutzt die Landstraße. Wer in kurzer Zeit eine weite Strecke fahren möchte, nimmt die Autobahn.

Bad Noahton
Usingon
Ober-Murion
225
100
AUTO

das Auto

Fast jede Familie hat ein Auto. Es ist ein Fahrzeug, das mit einem Motor angetrieben wird. Viele benutzen es, um schnell und bequem an ihr Ziel zu kommen. Wer Auto fahren will, muss es erst in einer Fahrschule lernen.

der Traktor

Traktoren sieht man vor allem auf dem Land. Ein Traktor ist ein Fahrzeug mit einem starken Motor, das auf einem Bauernhof gebraucht wird. Er zieht einen Pflug oder eine Egge über die Felder oder eine Maschine, mit der die Felder gedüngt werden.

das Fahrrad

In der Stadt gibt es viele Fahrradfahrer. Sie fahren auf einem Radweg, der sich meist neben der Fahrbahn für die Autos befindet. Wenn der Radfahrer in die Pedale tritt, wird über eine Kette das Hinterrad gedreht und das Fahrrad fährt vorwärts. Mit dem Lenker kann man es nach rechts oder links die Kurve steuern.

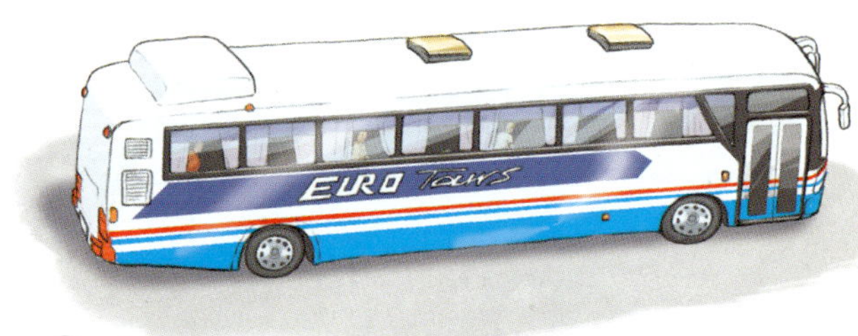

der Reisebus

Wer in den Urlaub fahren will, kann eine Fahrkarte für den Reisebus kaufen. Er hat bequeme Sitze für viele Fahrgäste und eine Toilette. So zu reisen ist meist billiger als mit dem Auto oder mit dem Zug.

das Taxi

Ein Taxi ist ein Auto, das Fahrgäste an ein gewünschtes Ziel bringt. Oft benutzen Urlauber mit viel Gepäck ein Taxi, um an den Flughafen oder an den Bahnhof zu kommen. Bevor sie aussteigen, geben sie dem Taxifahrer Geld für die Fahrt. Eine Taxifahrt ist jedoch viel teurer als eine Fahrt mit einem öffentlichen Verkehrsmittel, wie dem Bus oder der U-Bahn. In Sammeltaxis können größere Gruppen mitfahren.

der Abschleppwagen

Ein Abschleppwagen ist ein Bergungsfahrzeug. Er kommt, wenn ein Auto kaputt ist. Das Auto wird mit einem Kran auf die Ladefläche des Abschleppwagens geladen. Oder er zieht es mit einem Seil hinter sich her und bringt es in die Werkstatt. Auch wenn ein Fahrzeug falsch parkt, kann es abgeschleppt werden. Der Autofahrer muss dann viel Geld bezahlen.

die Tankstelle

Autos, Motorräder und Lkw brauchen Benzin oder Dieselkraftstoff zum Fahren. Das Benzin befindet sich im Tank und wird während der Fahrt verbraucht. Damit das Fahrzeug nicht stehen bleibt, füllt man rechtzeitig an einer Tankstelle neues Benzin aus der Zapfsäule in den Tank des Fahrzeugs.

das Motorrad

Ein Fahrzeug mit zwei Rädern und Motor nennt man Motorrad. Auf einem Motorrad können zwei Personen sitzen. Jeder Motorradfahrer muss einen Helm tragen, damit er bei einem Unfall besser geschützt ist.

der Tunnel

Straßen oder Eisenbahnschienen führen oft durch einen Tunnel. Das ist ein Gang, der durch einen Berg gegraben wurde, damit man nicht außen herum fahren muss.

der Lastwagen

Ein Lastwagen ist ein großes Fahrzeug mit einem starken Motor. Er transportiert schwere Lasten, zum Beispiel Gemüsekisten vom Bauernhof zum Geschäft. Oder er bringt Sand zu einer Baustelle. Man nennt ihn auch Lastkraftwagen oder kurz Lkw. Ein Lkw-Fahrer braucht einen besonderen Führerschein. Er fährt meistens sehr weit. Um auf der langen Strecke eine Pause machen zu können, gibt es im Lkw eine Schlafkabine.

die Autobahn

Wer schnell und ohne Umweg von einem Ort zum anderen kommen will, fährt über die Autobahn. Eine Autobahn ist eine Straße mit getrennten Fahrbahnen für jede Richtung. Eine Fahrbahn besteht aus zwei oder mehr Spuren. Ein langsames Fahrzeug muss auf der rechten Spur fahren. Schnellere können auf der linken Spur überholen. Wenn zu viele Fahrzeuge unterwegs sind, gibt es einen Stau.

die Brücke

Eine Brücke wird gebaut, um eine Straße über einen Fluss, ein Tal oder über eine andere Straße zu leiten. Eine Brücke muss viel Gewicht aushalten, damit Fahrzeuge darauf fahren können. Es gibt verschiedene Brücken. Manche werden auf Bögen gebaut. Andere hängen an dicken Stahlseilen. Es gibt auch Brücken, die hochklappen, wenn ein Schiff darunter durchfährt.

Auf der Baustelle

Wenn eine neues Haus gebaut werden soll, graben die Bagger zuerst eine große Grube. Sie wird mit einer Schicht aus Beton gefüllt, auf der das Haus sicher stehen kann. Dann werden die Mauern gebaut. Mauern müssen ganz gerade und stabil sein. Oft sind sie aus Mauersteinen, die einer nach dem anderen exakt neben- und übereinander gesetzt werden. Mit Mörtel werden sie verklebt. So wächst das Haus langsam in die Höhe.

Auf einer Baustelle arbeiten viele Menschen mit unterschiedlichen Berufen. Ein Architekt hat den Plan für das Haus entworfen, ein Installateur verlegt die Rohre, ein Elektriker die Stromleitungen. Zum Schluss bauen die Zimmerleute das Dach.

die Planierraupe

Eine Planierraupe ist eine Baumaschine, die Erde und Geröll wegschiebt. Man kann auch Bulldozer oder Schubraupe sagen. Sie hat vorne eine große Schaufel, in die sie die Erde laden kann. Eine Planierraupe fährt meistens auf Ketten. Dabei macht sie den Boden eben. Es gibt aber auch Planierraupen mit Rädern.

der Presslufthammer

Um Böden aus Stein oder Beton aufzubrechen, benutzen die Bauarbeiter einen Presslufthammer. Er schlägt ganz schnell und mit viel Kraft immer wieder auf den Boden.

der Bauhelm

Auf einer Baustelle müssen alle einen Bauhelm tragen. Das ist Vorschrift. Durch den Helm sind die Arbeiter besser geschützt, falls ein Stück Holz oder ein Ziegelstein herunterfällt. Manchmal sind Ohrenschützer eingebaut. Die brauchen die Arbeiter, die mit einem Presslufthammer arbeiten, gegen den Lärm.

der Gabelstapler

Mit einem Gabelstapler werden Steine für den Hausbau oder andere schwere Dinge auf der Baustelle transportiert. Er hat vorne eine Art Gabel mit zwei langen Zinken aus Stahl. Die Steine liegen auf einer Palette. Der Gabelstapler fährt mit seiner Gabel zwischen die Holzbalken der Palette, hebt sie an und fährt die Steine dorthin, wo man sie braucht.

der Kran

Auf einer Baustelle steht fast immer auch ein Kran. Da die Kräne auf Baustellen meist sehr hoch sind, heißen sie auch Turmkräne. Mit dem langen Arm können sie schwere Lasten heben, wie Stahlbalken oder Steinplatten. Damit der Kran nicht umkippt, hängt auf der anderen Seite des Arms ein Gegengewicht aus Beton. Im Turm des Krans ist eine Leiter. Sie führt zu einer kleinen Kabine, in der ein Kranführer sitzt. Er lenkt den Kran.

der Bagger

Bevor die Arbeit auf der Baustelle richtig losgehen kann, muss der Bagger die Baugrube ausheben. Der Baggerführer bewegt mit verschiedenen Hebeln eine riesige Schaufel. Er gräbt Schutt und Kies aus der Grube und lädt alles auf einen Lastwagen.

der Betonmischer

Auf einer Baustelle wird mit Beton gebaut. Beton besteht aus Kies, Sand und Zement. Alles wird im Betonmischer mit Wasser vermischt. So entsteht ein Betonbrei, den die Bauarbeiter in Formen gießen. Wenn der Brei trocknet, wird er ganz hart. Oft kommen in den Beton zudem noch Stäbe oder Gitter aus Stahl. Dann wird der Beton besonders stabil.

die Schubkarre

Ein Bauarbeiter kann mit einer Schubkarre etwas transportieren. Wenn er die Wanne anhebt, rollt sie nur auf einem Rad. So kann man sie leicht schieben und lenken.

der Kipplaster

Der Schutt aus der Baugrube kommt auf einen Kipplaster. Ist er voll, fährt der Laster auf eine Schuttsammelstelle. Dort kippt er die Ladefläche hoch und der Schutt rutscht hinten durch eine Klappe herunter.

das Gerüst

Damit ein Haus in die Höhe gebaut werden kann, wird ein großes Gerüst auf der Baustelle aufgebaut. Es besteht aus vielen Metallstangen und Holzbalken und hat mehrere Stockwerke. Über eine Leiter kommen die Bauarbeiter ins höhere Stockwerk. So können sie in jeder Höhe am Haus arbeiten.

der Zimmermann

Wenn das Haus fast fertig gebaut ist, kommen Zimmerleute auf die Baustelle. Ein Zimmermann arbeitet viel mit Holz. Er baut das Dach und die Dachfenster. Oder er fertigt eine Holztreppe oder Türen an.

An einem Bahnhof ist viel los. Züge kommen an und fahren ab. Über Lautsprecher wird durchgesagt, auf welchem Gleis ein Zug einfährt. Es wird auch angekündigt, wenn ein Zug Verspätung hat. In Kopfbahnhöfe fahren die Züge ein und andersherum wieder heraus. Bei einem Durchgangsbahnhof fährt der Zug in der gleichen Richtung weiter.

der Zug

Eine Eisenbahn oder ein Zug ist ein Fahrzeug, das auf Schienen fährt. Es wird von einer Lokomotive gezogen. In den Waggons sind viele Sitzplätze für die Fahrgäste. Zugreisen sind sehr angenehm, da man hin und her laufen kann und nie im Stau steht. Der schnellste Zug in Deutschland ist der ICE. Er kann über 300 Kilometer pro Stunde fahren.

die Lokomotivführerin

Lokomotivführerinnen oder Lokomotivführer werden auch kurz Lokführer genannt. Sie sitzen vorne in der Lokomotive und fahren den Zug. Sie müssen alle Eisenbahnsignale kennen, damit sie die Fahrgäste sicher ans Ziel bringen.

der Fahrkartenautomat

Die Fahrkarte für den Zug kann man an einem Ticketschalter oder an einem Fahrkartenautomaten kaufen. Man zahlt mit Bargeld oder mit einer Geldkarte. Fahrkartenautomaten gibt es auch an Haltestellen für Busse oder U-Bahnen.

der Bahnsteig

Zwischen zwei Gleisen ist der Bahnsteig. Von hier aus kann man in den Zug einsteigen. Auf einer Anzeige steht, an welcher Stelle ein Zugwaggon stehen wird.

der Fahrplan

Auf dem Fahrplan können sich die Reisenden informieren, wann und auf welchem Gleis ihr Zug abfährt. Diese Fahrpläne sind meistens gelb. Auf einem weißen Fahrplan steht, wann und wo ein Zug ankommen wird.

die Schiene

Eine Eisenbahn fährt auf Eisenschienen. Sie hat viele kleine Räder, die genau auf die Schienen passen. So wie Straßen, die von einem Ort zum anderen führen, gibt es auch Schienen zwischen den Orten. Sie sind mit großen Schrauben auf Schwellen aus Holz oder Beton befestigt. Dazu sagt man auch Gleis. An einer Weiche verzweigt sich ein Gleis in zwei Richtungen.

Am Hafen

In einem Hafen legen Schiffe an, damit die Menschen an Land gehen können. Die Schiffe laden auch ihre Fracht ab, ein Fischerboot zum Beispiel die frisch gefangenen Fische. In einem Containerhafen gibt es große Kräne, die Frachtschiffe be- und entladen. Die Schiffe werden mit dicken Seilen, die man auch Taue nennt, am Kai festgebunden.

die Fähre

Wenn man einen Fluss, einen See oder ein Meer überqueren möchte, fährt man oft mit einer Fähre. In diesem großen Schiff können die Fahrgäste ihre Autos mitnehmen. Vom Land fahren die Autos über eine Rampe in den Schiffsbauch. Eine Fähre transportiert auch Lastwagen und sogar Züge. Die Passagiere gehen während der Überfahrt an Deck. Bei langen Fahrten schlafen sie in Kajüten.

der Kapitän

Auf jedem Schiff gibt es einen Kapitän oder eine Kapitänin. Sie sind verantwortlich für das Schiff und entscheiden, wie schnell und in welche Richtung es fährt. Sie kümmern sich um die Passagiere und um die Mitarbeiter auf dem Schiff, die Besatzung. Hierzu gehören mehrere Offiziere und Matrosen und ein Steuermann, der das Schiff lenkt.

der Rettungsring

Auf allen Schiffen und am Hafen sind Rettungsringe angebracht. Sie werden im Notfall ins Wasser geworfen, wenn jemand über Bord gegangen ist. Ein Rettungsring ist ganz leicht und schwimmt auf dem Wasser. Er ist aus Plastik und innen hohl oder mit einem leichten Schaumstoff gefüllt. Die Person im Wasser kann sich daran festhalten, bis Hilfe kommt.

das Segelschiff

Ein Segelschiff wird vom Wind vorwärts getrieben. Es hat große Segel, gegen die der Wind bläst. Bei starkem Sturm müssen die Segel eingeholt werden. Früher fuhren die meisten Schiffe nur mit Segeln. Heute haben fast alle auch einen Motor.

der Fischkutter

Fischer fahren mit ihren Booten meistens ganz früh am Morgen aufs Meer, um dort zu fischen. Fische fangen sie mit großen Netzen. Hummer und Krebse fängt man in Reusen. Das sind Körbe, die an langen Seilen ins Wasser gelassen werden.

das Motorboot

Ein Motorboot ist ein Schiff, das mit einem Motor fährt. Der Motor ist hinten am Boot befestigt. Er treibt einen Propeller an, der unter Wasser liegt. Motorboote können sehr schnell fahren. Man sieht sie vor allem auf einem See oder auf Flüssen. Am Meer ziehen sie manchmal Wasserskiläufer hinter sich her.

Auf dem Flughafen

Flugzeuge aus der ganzen Welt starten und landen auf dem Flughafen. In einem Gebäude, das Terminal heißt, sind Schalter, an denen die Reisenden ihre Flugtickets vorzeigen und das Gepäck aufgeben. Vor dem Flug müssen sie durch die Sicherheitskontrolle. Nach dem Flug werden die Fluggäste und die Koffer bei der Passkontrolle und am Zoll überprüft.

der Pilot

Jedes Flugzeug wird von einem Piloten oder einer Pilotin gesteuert. Sie sitzen im Cockpit, das sich vorne im Flugzeug befindet. Mithilfe eines Computers und über einen Steuerknüppel starten und landen sie das Flugzeug und leiten es während des Fluges. Mit im Cockpit sitzt der Kopilot, der dem Piloten hilft.

das Flugzeug

Obwohl ein Flugzeug sehr schwer ist, kann es fliegen. Die Flügel sind so gebogen, dass das Flugzeug bei hoher Geschwindigkeit in die Luft gehoben wird. Es gibt verschiedene Flugzeuge. In Passagierflugzeugen können viele Menschen sitzen. Die Post wird in Frachtflugzeugen transportiert.

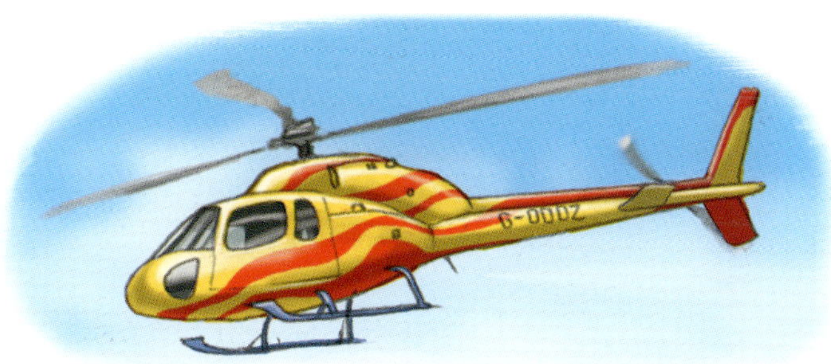

der Hubschrauber

Ein Hubschrauber hat keine Flügel, sondern einen Rotor. Das sind Drehflügel, die aussehen wie eine große Schraube. Sie drehen sich sehr schnell. Mit ihnen kann ein Hubschrauber aus dem Stand senkrecht nach oben starten. Er kann sogar rückwärts fliegen oder in der Luft stehen bleiben. Hubschrauber heißen auch Helikopter.

die Startbahn

Um zu fliegen, fährt ein Flugzeug auf der Startbahn an, wird immer schneller und hebt schließlich ab. Die Landebahn braucht das Flugzeug, um nach dem Landen abzubremsen.

der Kontrollturm

Der Kontrollturm heißt auch Tower. Hier oben arbeiten die Fluglotsen. Über Computerbildschirme beobachten sie den Flughafen und den Himmel. Sie bestimmen, wann welches Flugzeug zum Starten auf das Rollfeld fährt. Oder sie sagen einem Piloten in der Luft, wo er landen darf.

der Gepäcktransporter

Vor dem Abflug geben die Passagiere am Flughafenschalter ihr Gepäck auf. Der Gepäcktransporter bringt es zum Flugzeug. Nach dem Flug bringt der Transporter das Gepäck zu einem Laufband im Flughafen. Dort holen es die Passagiere ab.

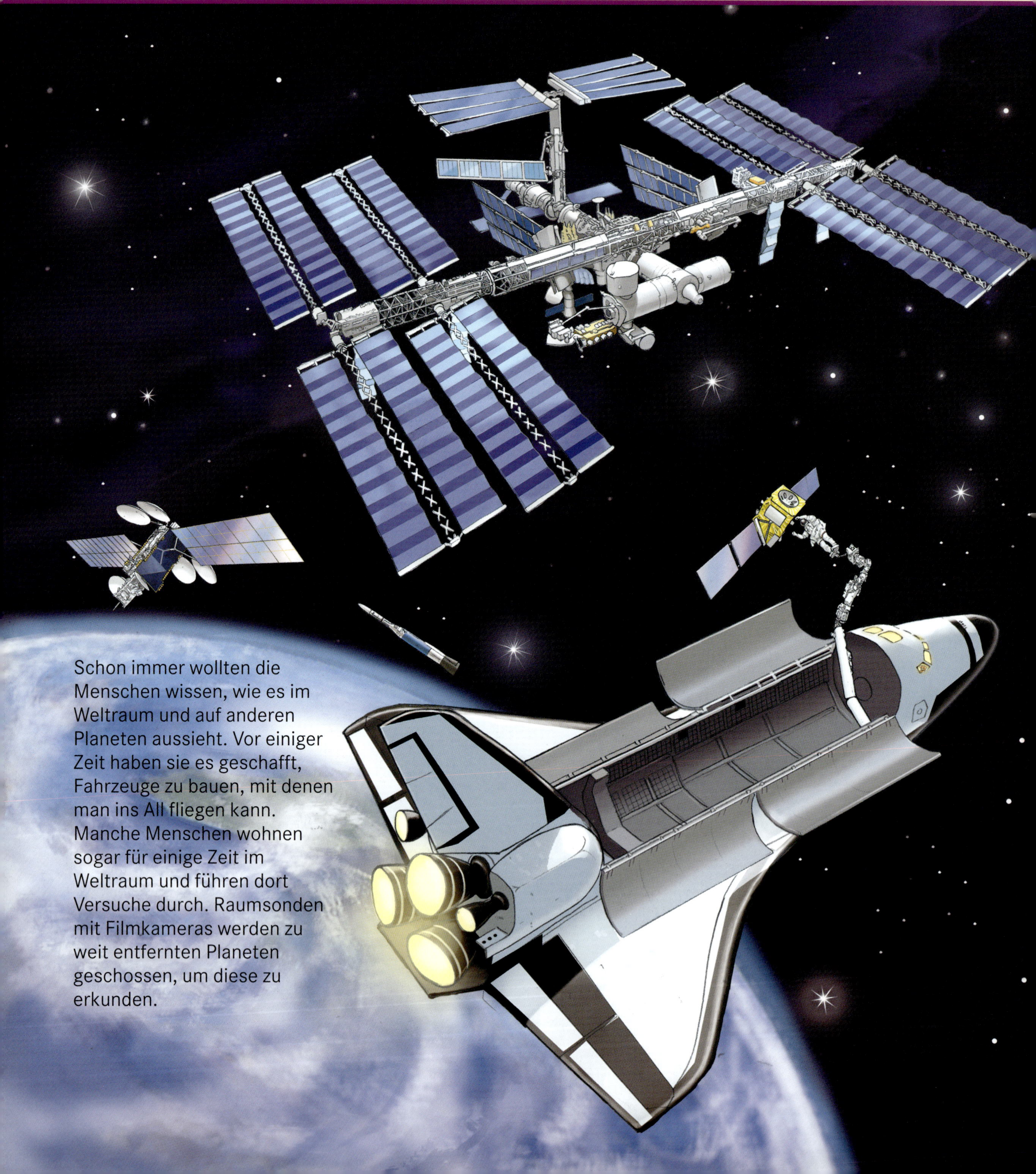

Schon immer wollten die Menschen wissen, wie es im Weltraum und auf anderen Planeten aussieht. Vor einiger Zeit haben sie es geschafft, Fahrzeuge zu bauen, mit denen man ins All fliegen kann. Manche Menschen wohnen sogar für einige Zeit im Weltraum und führen dort Versuche durch. Raumsonden mit Filmkameras werden zu weit entfernten Planeten geschossen, um diese zu erkunden.

der Spaceshuttle

Mit einem Spaceshuttle können Astronauten ins Weltall fliegen. Das Raumschiff hat einen Essraum und einen Schlafraum. Mit Raketen wird es ins Weltall geschossen. Dann fallen die Raketen ab und der Spaceshuttle fliegt alleine weiter.

der Astronaut

Astronauten sind Weltraumfahrer. Sie tragen einen Raumanzug und fliegen mit einem Raumschiff ins All. Dort herrscht Schwerelosigkeit und die Astronauten schweben durch den Raum. Wenn sie zum Beispiel einen Satelliten reparieren, müssen sie am Raumschiff festgebunden sein.

die Startrampe

Auf einem Weltraumbahnhof starten Raketen von einer Startrampe aus in den Weltraum. Am Fuß der Rakete gibt es eine große Explosion und sie wird ins All geschossen.

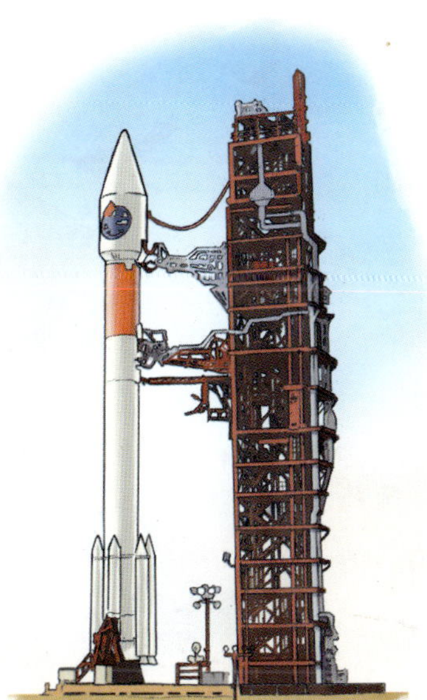

die Raumstation

Eine Raumstation ist ein großes Forschungslabor im Weltall. Dort können Astronauten mehrere Monate lang wohnen. Sie testen, welche Pflanzen gut im Weltraum wachsen oder wie der Mensch im All leben kann. So will man herausfinden, ob irgendwann einmal ein Leben auf einem anderen Planeten möglich ist. Alles, was die Astronauten brauchen, muss mit Raketen zur Station gebracht werden, sogar Luft und Wasser.

der Satellit

Im Weltraum fliegen viele Satelliten. Sie wurden mit Raketen ins Weltall geschossen. Satelliten kreisen um die Erde und beobachten von dort oben zum Beispiel das Wetter. Andere Satelliten übertragen Fernsehprogramme in die ganze Welt oder Nachrichten von einem Handy zum anderen.

Tiere und Natur

Auf der Erde gibt es sehr viele verschiedene Tiere. Haustiere, wie Hunde oder Katzen, und die Tiere auf dem Bauernhof leben mit den Menschen zusammen und werden von ihnen versorgt. Die meisten Tiere jedoch leben in der freien Natur, wo sie sich an die unterschiedlichsten Lebensräume angepasst haben: den Wald oder das Meer, die Berge oder den Dschungel, die Wüste oder das ewige Eis.

In diesem Kapitel ist auf jedem großen Bild ein goldener Ring versteckt. Findest du ihn?

Viele Menschen haben ein Haustier, zum Beispiel einen Hund oder eine Katze. Man nennt sie auch Heimtiere. Tiere leben eigentlich in der Natur, wo sie sich frei bewegen können. Damit sie sich auch bei den Menschen wohlfühlen, müssen sie regelmäßig gefüttert und gut gepflegt werden. Sie brauchen viel Auslauf und Zuneigung.

das Kaninchen

Kaninchen sind mit den Hasen verwandt. Sie sind jedoch kleiner als die Hasen und haben kürzere Ohren. In der Natur leben Kaninchen in größeren Gruppen zusammen. Sie graben sich Gänge und Baue in den Boden und bringen unter der Erde ihre Jungen zur Welt. Als Haustier braucht das Kaninchen einen großen Stall oder ein Gehege im Garten.

der Hamster

Hamster sind vor allem nachts aktiv, tagsüber schlafen sie am liebsten. Ihr Futter verstecken sie oft in ihren Backen als Vorrat. Der Goldhamster hat ein braun-weißes Fell.

der Wellensittich

Wellensittiche sind kleine Papageien, die in der Natur in großen Schwärmen zusammenleben. Als Haustiere sollte man mindestens zwei Wellensittiche halten. Alleine fühlen sie sich einsam. Ihr Gefieder ist grün, blau, weiß oder gelb.

die Katze

Wie der Löwe oder der Tiger gehört auch die Hauskatze zu den Raubtieren. Man sieht das, wenn sie sich an einen Vogel im Garten heranschleicht. Eine Katze kann auch im Dunkeln gut sehen. Wenn sie sich wohlfühlt, fängt sie an zu schnurren.

der Hund

Hunde brauchen gesundes Futter und viel Auslauf. Freut sich ein Hund, wedelt er mit dem Schwanz. Knurrt er, ist er meist böse oder ängstlich. Junge Hunde heißen Welpen.

der Goldfisch

Im Aquarium oder auch im Gartenteich sieht man oft Goldfische. Sie sind goldfarben oder orange, manchmal auch braun oder gefleckt. In China gelten Goldfische als Glücksbringer. Wer ein Aquarium anlegen will, muss viel beachten. Es muss die richtige Temperatur haben und immer sauber gehalten werden.

das Meerschweinchen

Meerschweinchen heißen Meerschweinchen, da sie aus Südamerika über das Meer nach Europa gebracht wurden und weil sie wie Schweine quieken. Verwandt sind sie mit den Schweinen nicht. Meerschweinchen sollten immer zu zweit gehalten werden.

Tiere auf dem Bauernhof

Auf einem Bauernhof kann es viele verschiedene Tiere geben. Wenn es genug Platz gibt, grasen sie auf der Weide. Hühner und Gänse laufen manchmal sogar ganz frei herum. Oft müssen die Tiere aber auch im Stall leben.

das Schaf

Wenn Schafe geschoren werden, kann man aus ihrem Fell Wolle machen. Ihre Milch wird zu Käse verarbeitet. Ein junges Schaf heißt Lamm. Große Schafherden werden mit einem Schäferhund auf die Weide getrieben.

das Schwein

Schweine sind sehr saubere Tiere. Manchmal wälzen sie sich im Schlamm, um Ungeziefer loszuwerden. Eine Sau kann zweimal im Jahr bis zu zwölf Ferkel zur Welt bringen. Schweine werden meistens gezüchtet, weil die Menschen ihr Fleisch gerne essen.

das Rind

Es gibt braune, schwarze und weiß gefleckte Rinder. Alle fressen Gras. Und sie liefern uns Fleisch. Ein weibliches Rind heißt Kuh, wenn es schon einmal ein Kalb zur Welt gebracht hat. In den Eutern der Kühe ist Milch. Früher wurden die Kühe von Hand gemolken. Heute helfen Melkmaschinen den Bauern dabei.

die Ziege

Ziegen haben Hörner, sogar schon die kleinen Zicklein. Den männlichen Ziegenbock erkennt man an seinem Bart. Ziegenmilch ist sehr fett und man macht daraus Käse.

das Huhn

Das männliche Huhn ist der Hahn. Er kräht am Morgen, wenn die Sonne aufgeht. Ein weibliches Huhn heißt Henne. Ihre Jungen nennt man Küken. Hühner liefern uns Eier und Fleisch.

die Gans

Hausgänse sind meistens weiß oder weißbraun. Ihre Federn halten sie warm. Deswegen füllt man damit auch Kissen und Bettdecken. Zum Fliegen sind Hausgänse zu schwer.

das Pferd

Als es noch keine Traktoren gab, zogen Pferde den Pflug über die Felder. Heute werden Pferde meistens zum Reiten gehalten, einige starten sogar bei Pferderennen. Ein junges Pferd heißt Fohlen. Manche Pferde sind kaum größer als ein Schäferhund. Man nennt sie Ponys.

Am Boden, unter Laub und Steinen, auf Pflanzen oder sogar auch unter der Erde leben viele kleine Tiere. Unterscheiden kann man sie an der Zahl ihrer Beine: Insekten wie Käfer oder Bienen haben sechs, Spinnen acht Beine. Schnecken und Würmer haben keine Beine. Manche Insekten haben auch Flügel und können fliegen.

der Käfer

Käfer haben einen Hautpanzer und sehr feste Flügel. Es gibt viele Arten. Den Hirschkäfer erkennt man an seinen Zangen am Kopf, die aussehen wie ein Hirschgeweih. Er zerkleinert damit Blätter.

der Regenwurm

Regenwürmer sind sehr nützlich. Sie graben Gänge in die Erde und lockern so den Boden. Sie fressen tote Blätter und machen die Erde fruchtbar. Da sie bei Regen aus ihren Löchern hervorkommen, heißen sie Regenwürmer.

der Schmetterling

Ein Schmetterling beginnt sein Leben als Raupe. Sie frisst den ganzen Tag, bis sie sich verpuppt. Aus der Puppe schlüpft der Schmetterling. Seine Flügel haben oft ein buntes Muster.

die Schnecke

Viele Schnecken tragen ein Schneckenhaus auf ihrem Rücken, in dem sie bei Gefahr verschwinden. An der Unterseite haben sie eine kleine Öffnung, durch die sie Schleim abgeben. Auf der Schleimspur gleiten die Schnecken vorwärts.

die Ameise

Ameisen leben in großen Ameisenhaufen zusammen. Die Königin legt Eier, die Arbeiterinnen pflegen das Nest. Mithilfe der Ameisenstraßen finden sie den Weg zu ihrer Nahrung.

die Biene

Wenn wir Honig essen, stammt dieser oft von den Honigbienen. Sie saugen mit ihrem Rüssel Nektar aus den Blüten der Blumen. Der zuckrige Saft wird in ihrem Magen zu Honig, den sie im Bienenstock wieder ausspucken und in den Waben sammeln. In jedem Bienenstock gibt es eine Königin, die am Tag bis zu 1000 Eier legt.

die Spinne

Spinnen bringen aus ihrem Hinterteil Seidenfäden hervor und weben daraus ein klebriges Netz. In dem Netz verfangen sich Insekten, die die Spinnen durch einen giftigen Biss töten und fressen.

Ein Wald besteht wie ein hohes Haus aus mehreren Stockwerken. In jedem Stockwerk leben verschiedene Tiere. Oben in den Bäumen bauen viele Vögel ihre Nester, aus den Stämmen picken sie Insekten. Die Tiere am Boden verbergen sich gern im Unterholz. Viele von ihnen graben sich einen Bau unter der Erde mit langen Gängen und Höhlen für ihre Nester oder für die Nahrungsvorräte.

der Specht

Mit seinen Füßen krallt sich der Specht an der Baumrinde fest und hackt mit dem spitzen Schnabel ein Loch in das Holz. Er frisst die kleinen Käfer, die unter der Rinde leben.

die Eule

Tagsüber schlafen die Eulen oben in den Bäumen. Nachts gehen sie auf Jagd. Sie haben scharfe Augen und hören sehr gut. So können sie auch im Dunkeln Beute finden. Da sie sehr weiche Federn haben, hört man sie beim Fliegen kaum.

der Fuchs

Füchse sind mit den Hunden verwandt. Sie sind sehr scheu. Sie leben meistens im Wald und fressen kleine Tiere oder auch Beeren. Unter der Erde graben sie sich einen Bau oder übernehmen eine alte Höhle von einem Dachs oder Kaninchen.

der Igel

Durch seine Stacheln ist der Igel gut vor Feinden geschützt. Bei Gefahr rollt er sich einfach zusammen.

das Eichhörnchen

Das Eichhörnchen kann gut klettern und weite Sprünge von Baum zu Baum machen. Es hat einen buschigen Schwanz. Für den Winter sammelt es Nüsse.

das Wildschwein

Oft findet man Wildschweine in der Nähe von Flüssen oder Seen. Sie wälzen sich gerne im Schlamm, um Ungeziefer loszuwerden. Die männlichen Eber haben kräftige Stoßzähne. Die gestreiften Jungtiere nennt man Frischlinge.

der Hirsch

Nur männliche Hirsche haben ein Geweih. Jedes Jahr wächst ein neues Geweih heran und das alte fällt ab. Mit lauten Balzrufen röhren sie nach einem Weibchen, der Hirschkuh. Rehe sind mit den Hirschen verwandt, aber viel kleiner. Das Junge nennt man Rehkitz.

der Dachs

Zusammen mit seiner großen Familie wohnt der Dachs in einem Bau unter der Erde. Er hat ein schwarz-braunes Fell mit weißen Streifen am Kopf.

In einem Teich und an seinem Ufer leben viele verschiedene Tiere. Unter Wasser schwimmen Fische. Auf dem Wasser paddeln Wasservögel. Sie bauen ihre Nester im Schilf. Frösche leben im Wasser und an Land. Viele Vögel finden am und im Teich ihre Nahrung, denn wo es feucht ist, gibt es zahlreiche Insekten. Manche Vögel fangen sogar Fische.

der Biber

Biber leben in Teichen oder Flüssen. Mit ihren scharfen Zähnen können sie ganze Bäume fällen. Aus dem Holz bauen sie sich eine sogenannte Biberburg. Hier bringen sie ihre Jungen zur Welt. Der Eingang zur Burg liegt unter Wasser.

die Ente

Um gut paddeln zu können, haben Enten Schwimmhäute zwischen den Zehen. Damit sie nicht nass werden und frieren, sind ihre Federn eingefettet. So dringt das Wasser nicht hindurch. Oft tauchen Enten an den Grund des Sees und fressen Pflanzen.

der Fisch

Fische haben Kiemen und können mit ihnen unter Wasser atmen. An der Luft würden sie ersticken. Mit ihren Flossen können Fische gut schwimmen.

der Frosch

Mit ihren langen Hinterbeinen können Frösche weit springen. Sie legen ihre Eier im Wasser ab, aus denen Kaulquappen schlüpfen.

der Eisvogel

Wenn ein Eisvogel einen Fisch entdeckt, stürzt er sich kopfüber ins Wasser, um ihn zu schnappen. Er ist ein guter Taucher. Sein Federkleid ist leuchtend blau.

die Libelle

Libellen können sehr gut fliegen. Wie ein Hubschrauber können sie in der Luft stehen bleiben und sogar rückwärts fliegen. Sie haben vier Flügel und meistens einen bunt schillernden Körper. Wenn zwei Libellen beim Fliegen ein Rad bilden, paaren sie sich.

der Reiher

Reiher stehen oft stundenlang reglos im Wasser, manchmal nur auf einem Bein. Wenn ein Fisch vorbeischwimmt, greifen sie blitzschnell zu.

Tiere im Gebirge

Hoch oben im Gebirge ist es oft windig und kalt. Häufig liegt Schnee und die Tiere finden nicht viel zu fressen. An den steilen Hängen ist es schwierig zu laufen. Weiter unten in den Wäldern sind die Tiere zwischen den Bäumen besser vor Wind geschützt, sie können sich vor ihren Feinden verstecken und es gibt mehr Nahrung.

der Wolf

Wölfe sind nah mit den Hunden verwandt. Sie sind sehr scheu. Sie leben in Gruppen zusammen und jagen gemeinsam andere Tiere: Hasen oder Rehe, aber auch Tiere, die viel größer sind als sie selbst, zum Beispiel Hirsche.

die Gämse

Im Sommer lebt die Gämse hoch oben zwischen den Felsen. Sie kann sehr gut klettern. Über tiefe Schluchten springt sie einfach hinweg. Im Winter zieht sie sich in die Wälder zurück.

der Bär

Bären gehören zu den größten Raubtieren. Sie jagen andere Tiere, fressen aber auch Wurzeln, Früchte und sogar Honig. Sie können schnell rennen und schwimmen. In kalten Gegenden ruhen Bären im Winter.

der Adler

Im Gebirge lebt der Steinadler. Mit seinen großen Flügeln segelt er durch die Luft. Er hat scharfe Krallen, einen gebogenen Schnabel und sehr gute Augen. Von weit oben kann er sogar eine kleine Maus am Boden erkennen.

In den Eisregionen der Erde ist es sehr kalt. Es liegt das ganze Jahr über Schnee und im Wasser treiben Eisberge. Hier leben nur wenige Tiere. Sie sind gut gegen die Kälte geschützt. Ihre Nahrung finden die meisten im Meer, denn auf Schnee und Eis können keine Pflanzen wachsen.

die Robbe

Meistens leben Robben im Wasser. Eine dicke Fettschicht sorgt dafür, dass sie nicht frieren. Ihre Jungen bringen die Robben an Land zur Welt.

der Pinguin

Obwohl Pinguine Vögel sind, können sie nicht fliegen. Ihre Flügel benutzen sie zum Rudern im Wasser. Sie können sehr schnell schwimmen. Im Winter legt das Weibchen ein Ei. Das Männchen brütet es dann in einer warmen Felltasche auf seinen Füßen aus.

der Albatross

Wenn Albatrosse ihre Flügel ausbreiten, sind sie die größten Vögel der Welt. Sie verbringen fast ihr ganzes Leben in der Luft. Sie können gut fliegen, aber beim Start und bei der Landung überschlagen sie sich manchmal.

der Wal

Auch wenn man oft „Walfisch“ sagt, sind Wale keine Fische. Sie müssen regelmäßig aus dem Wasser auftauchen, um zu atmen. Dabei pusten sie Luft aus einem Loch oben auf dem Kopf. Wale gehören zu den größten Tieren überhaupt.

Tiere im Dschungel

Ein Dschungel ist ein Regenwald in den Tropen. Dort ist es immer heiß und feucht. Jeden Tag regnet es kurz, aber sehr heftig. In den Regenwäldern gibt es unendlich viele Pflanzen und Tiere. Einige Tiere sieht man zwischen den Büschen kaum, andere sind bunt wie die Blumen. Große Vogelschwärme sitzen in den riesigen Bäumen und machen oft viel Lärm. Auch manche Affen, die sich von Ast zu Ast hangeln, kreischen laut. Andere Tiere schleichen leise durch das Dickicht am Boden, wo es sehr dunkel ist. Auch in den Flüssen und Sümpfen leben viele verschiedene Tiere.

die Schlange

Schlangen schlängeln sich in Kurven über den Boden oder an Bäumen hoch. Sie können ihr Maul sehr weit aufreißen und große Tiere verschlingen.

der Jaguar

Der Jaguar ist eine Raubkatze. Er sitzt oft auf Bäumen und springt von dort auf seine Beute. Manchmal jagt er sogar Krokodile. Sein Fell hat ein schönes Muster mit Ringen und Punkten. Damit kann er sich im Dschungel gut verstecken.

der Papagei

Die Federn der Papageien sind meistens leuchtend bunt. Die Vögel haben einen großen, gebogenen Schnabel, mit dem sie harte Nüsse wie mit einer Zange knacken können. Sie benutzen ihren Schnabel auch, um sich festzuhalten und an einem Ast hochzuklettern.

das Faultier

Faultiere schlafen fast den ganzen Tag. Dabei hängen sie an einem Ast. Wenn sie sich bewegen, dann nur sehr langsam. Manchmal sehen sie grün aus, weil Pflanzen in ihrem Fell wachsen.

der Tapir

Manchmal gibt es im Dschungel kleine Tunnel im dichten Gestrüpp. Das sind meist Trampelpfade von Tapiren. Auf diesen Wegen können sie sehr schnell laufen. Tapire haben eine Schnauze mit einem kleinen Rüssel. Damit greifen sie Früchte und Blätter.

der Kolibri

Kolibris sind die einzigen Vögel, die rückwärts fliegen können. Sie sind ganz klein und können sehr schnell mit den Flügeln schlagen. Da das sehr anstrengend ist, müssen sie durch ihren Schnabel viel Blütennektar saugen.

der Affe

Geschickt schwingen sich die Affen durch die Bäume. Dabei halten sie sich auch mit ihrem Schwanz fest.

das Krokodil

Oft sieht man nur die Augen und die Nasenlöcher des Krokodils, wenn es im Wasser treibt und Tieren auflauert. Dann kann es blitzschnell zupacken.

Tiere in der Savanne

In Afrika gibt es riesige Graslandschaften. Man nennt sie Savanne. Da es selten regnet, gibt es kaum Pflanzen – nur Gräser und ein paar Bäume. Die Tiere der Savanne müssen oft weit wandern, um etwas zu fressen und eine Wasserstelle zu finden. Wo es Wasser gibt, treffen meist viele Tiere aufeinander. Auch kann man sich in der offenen Landschaft nirgendwo vor Raubtieren verstecken. Deshalb leben viele Tiere wie Gnus und Antilopen zum Schutz in großen Herden.

der Löwe

Das größte Raubtier der Savanne ist der Löwe. Er lebt in einer Gruppe mit mehreren Löwen zusammen. Die Weibchen gehen auf Jagd. Eine Mähne haben nur die männlichen Löwen.

der Elefant

Die Elefanten gehören zu den größten Tieren, die an Land leben. Sie haben Stoßzähne und große Ohren. Anstelle einer Nase haben sie einen langen Rüssel. Sie können mit ihm Grasbüschel greifen oder Wasser einsaugen und es sich ins Maul oder als Erfrischung auf den Rücken spritzen. Manchmal graben sie auch mit dem Rüssel unter der Erde nach Wasser.

das Flusspferd

Flusspferde verbringen fast den ganzen Tag im Wasser. So schützen sie ihre Haut vor der Sonne. Oft ist ihr ganzer Körper bis auf die Augen untergetaucht. Damit kein Wasser hineinläuft, können sie die Nase und die Ohren verschließen. Da sie schlechte Schwimmer sind, laufen sie meist auf dem Grund des Sees vorwärts. Obwohl Flusspferde sehr schwer sind, können sie an Land schnell rennen.

der Gepard

Das schnellste Tier an Land ist der Gepard. Auf der Jagd kann er eine kurze Zeit lang bis zu 120 km/h schnell rennen – so schnell, wie ein kleines Auto fährt. Das gelingt ihm, weil er sehr lange Beine hat und einen schmalen Körper mit einem langen Schwanz. Sein Fell ist gelbbraun mit schwarzen Punkten. Geparden jagen am Tag. So treffen sie nicht auf die Löwen, die nachts auf die Jagd gehen.

das Zebra

Zebras sind mit den Pferden verwandt. Sie leben in großen Herden. Ihr Fell ist weiß mit schwarzen Streifen. Jedes Zebra hat sein ganz eigenes Streifenmuster. Daran können die Tiere sich unterscheiden.

die Giraffe

Mit ihrem langen Hals kommt die Giraffe an die Blätter hoch oben in den Bäumen. Sie ist so groß, dass sie bequem ins zweite Stockwerk eines Hauses sehen könnte. Beim Trinken macht ihr die Größe allerdings Schwierigkeiten. Um eine Wasserstelle am Boden zu erreichen, spreizt sie ganz weit die Beine. Dabei muss sie sich vor Raubtieren in Acht nehmen, weil sie nicht mehr schnell davonlaufen kann.

Tiere in der Wüste

In einer Wüste gibt es nur Sand oder Felsen und es regnet fast nie. Am Tag ist es sehr heiß und nachts wird es eisig kalt. Für die Tiere, die es dort gibt, ist das Leben sehr schwer. Sie sind ständig auf der Suche nach etwas zu fressen, denn hier wachsen nur wenige Pflanzen. Deshalb gibt es auch kaum Schatten. Die meisten Tiere haben gelernt, mit ganz wenig Wasser auszukommen. Manche trinken nie. Andere, wie Kamele, können sehr viel Wasser auf einmal trinken. Das reicht ihnen dann für eine lange Zeit.

der Wüstenfuchs

Der Wüstenfuchs hat sehr große Ohren. Damit kann er Feinde und Beutetiere gut hören. Zudem kann er über seine Ohren Wärme abgeben, sodass ihm nicht zu heiß wird.

die Eidechse

Eidechsen gibt es in vielen Regionen der Erde. Wo es warm ist, sind sie besonders gern. Wenn sie angegriffen werden, können sie ihren Schwanz abwerfen. So lenken sie den Angreifer ab und können schnell davonlaufen. Der Schwanz wächst später wieder nach.

der Skorpion

Skorpione sind nicht sehr groß und dennoch für andere Tiere gefährlich. An ihrem Schwanz haben sie einen giftigen Stachel, mit dem sie blitzschnell zustechen können. Neugeborene Skorpione sitzen oft auf dem Rücken der Mutter und lassen sich herumtragen.

das Kamel

Über zwei Wochen können Kamele ohne Wasser auskommen. In ihren Höckern speichern sie Fett. Ihr Maul ist innen wie aus Leder, so können sie sogar stachlige Pflanzen fressen.

Tiere in Australien

Australien ist der kleinste Kontinent der Welt. Er ist sehr weit von uns entfernt. Australien ist wie eine riesengroße Insel. Es gibt keine Verbindung über Land zu anderen Teilen der Erde. Deshalb leben in Australien Tiere, die es sonst nirgendwo auf der Welt gibt. Die meisten haben ganz besondere Eigenschaften. Viele von ihnen nennt man Beuteltiere, weil sie ihre Jungen in einem Beutel mit sich herumtragen.

das Schnabeltier

Schnabeltiere haben einen platten Schwanz, ein sehr weiches Fell, Schwimmflossen an den Füßen und einen breiten Entenschnabel. Sie leben in langen Bauen in der Nähe von Flüssen und jagen Tiere im Wasser.

der Koala

Koalas leben auf Bäumen. Die Jungen wachsen im Beutel der Mutter heran. Sind sie groß genug, klammern sie sich an deren Rücken fest. Koalas fressen nur Blätter vom Eukalyptusbaum und trinken nie.

das Känguru

Mit ihren starken Hinterbeinen können Kängurus weit springen. Wenn ein Känguru auf die Welt kommt, ist es so groß wie ein Daumennagel. Es klettert in den Beutel der Mutter und saugt Milch. Dort bleibt es mehrere Monate und kann gut geschützt heranwachsen.

der Wombat

Wombats haben ein dunkles Fell, kurze Beine und einen dicken Kopf. Mit ihren Vorderpfoten graben sie lange Gänge in die Erde. Dort schlafen sie den ganzen Tag. Nachts kommen sie nach oben und suchen nach Futter.

Das Meer ist wie eine ganz eigene Welt. Dort wachsen vollkommen andere Pflanzen als an Land. Weil es unter Wasser keine Luft zum Atmen gibt, haben die Fische Kiemen. Alle anderen Tiere müssen zum Luftholen auftauchen. Die meisten Meeresbewohner haben keine Beine, sondern Flossen, mit denen sie vorwärtskommen. Manche Tiere leben nahe an der Küste in flachem Wasser. Andere schwimmen tief unten im Meer, wo es ganz dunkel ist. Da das Meer salzig ist, leben dort ganz andere Tiere als in Seen oder Flüssen.

die Meeresschildkröte

Im Meer gibt es riesige Schildkröten. Sie haben einen Panzer und Flossen, mit denen sie durchs Wasser paddeln.

die Qualle

Quallen bestehen fast nur aus Wasser. Sie treiben an der Wasseroberfläche. Ihre langen, dünnen Fangarme sind giftig. Wenn man sie berührt, platzen sie auf. So fängt die Qualle Fische.

der Hai

Haie gibt es schon sehr lange. Sie lebten bereits vor den Dinosauriern. In den Meeren ist der wendige Hai ein gefürchteter Jäger. Er kann sehr schnell schwimmen und seine Beute aus großer Entfernung riechen. Seine Zähne sind sehr scharf. Verliert er einen Zahn, kommt in wenigen Tagen ein neuer hervor. Manche Haigebisse haben bis zu 3000 Zähne. Nur wenige Haie greifen auch Menschen an.

das Seepferdchen

Der Kopf eines Seepferdchens sieht ein bisschen wie der eines Pferdes aus, nur viel kleiner. Daher haben die Tiere ihren Namen. Seepferdchen sind Fische. Mit ihrem Schwanz halten sie sich an Wasserpflanzen fest. Bei den Seepferdchen werden die Männchen schwanger und kümmern sich um die Jungen.

der Delfin

Oft sieht man Delfine in großen Gruppen durch das Meer schwimmen. Dabei springen sie aus dem Wasser und machen sogar Purzelbäume. Wie die Wale gehören sie nicht zu den Fischen. Sie müssen immer wieder aus dem Wasser auftauchen, um Luft zu holen. Delfine haben eine eigene Sprache. Sie unterhalten sich mit Pfeiflauten.

der Tintenfisch

Um das Maul herum haben die Tintenfische lange Fangarme mit Saugnäpfen. Wenn sie in Gefahr sind, stoßen sie eine Flüssigkeit aus, die wie Tinte aussieht. Der Angreifer sieht nichts mehr und der Tintenfisch kann sich schnell davonmachen.

Bedrohte Tierarten

Viele Tiere können nicht mehr dort leben, wo sie sich wohlfühlen und wo sie genug zum Fressen finden. Oft ist der Mensch daran Schuld, der zu viele der Tiere jagt oder ihren Lebensraum zerstört. Deswegen sind heute leider viele Tiere vom Aussterben bedroht, das heißt, es gibt nur noch sehr wenige von ihnen. Manchmal kann man die Tiere nur noch in einem Zoo sehen.

der Panda

Pandabären haben ein schwarz-weißes Fell. Sie fressen nur die jungen Stämme von Bambuspflanzen. Ein Pandababy ist kaum größer als eine Maus, wenn es auf die Welt kommt.

der Orang-Utan

Orang-Utans sind Menschenaffen mit einem rotbraunen, zotteligen Fell. Ihr Name bedeutet „Waldmensch“. Sie leben fast nur auf Bäumen und bauen sich hoch oben ein Nest, in dem sie schlafen. Orang-Utans können sehr gut klettern. Mit ihren langen Armen und Beinen schwingen sie sich von Ast zu Ast.

der Eisbär

Eisbären leben am Nordpol. Sie jagen Robben, denen sie an Wasserlöchern auflauern. Eisbären haben ein dickes, ganz weißes Fell. Da es sehr ölig ist, können die großen Tiere Wasser einfach abschütteln. So werden sie nicht nass und frieren nicht.

das Nashorn

Nashörner haben eine dicke Haut und ein oder zwei Hörner hintereinander am Kopf. Sie fressen Pflanzen und können sehr schnell rennen.

der Schimpanse

Menschen und Affen sind miteinander verwandt. Das kann man an den Schimpansen sehen. Sie lachen und schneiden Grimassen. Am Boden gehen sie manchmal auch auf zwei Beinen. Und wie die Menschen benutzen sie Werkzeuge. Sie stecken Stöcke in ein Erdloch, damit Ameisen daran hochkrabbeln. So können die Schimpansen ohne Mühe fressen.

der Tiger

Die größte Raubkatze ist der Tiger. Er hat spitze Zähne und scharfe Krallen. Am Tag sieht man ihn kaum. Nachts geht er auf Jagd. Er frisst Hirsche, aber auch Wildschweine und Antilopen. Manchmal greift er sogar einen Wasserbüffel an. Mit seinem gestreiften Fell ist der Tiger gut getarnt und man kann ihn im Dschungel kaum sehen. Wegen seines Fells wurde er jedoch von den Menschen auch oft gejagt, sodass es heute kaum noch Tiger in der freien Natur gibt.

Pflanzen und Pilze

Auf unserer Erde gibt es sehr viele verschiedene Pflanzen. Sie wachsen fast überall. Manche Pflanzen haben bunte Blüten. Diese blühen meist im Frühling. Aus den Blüten vieler Bäume und Sträucher werden später die Früchte, wie Äpfel oder Himbeeren. Manche Pflanzen kann man essen, wie das Obst und Gemüse. Andere Pflanzen sind giftig. Pilze sind keine Pflanzen, aber auch von ihnen sind manche essbar, andere nicht.

Ohne Pflanzen könnten wir Menschen und die Tiere nicht leben. Wir ernähren uns von ihnen und die Pflanzen stellen Sauerstoff her, den wir zum Atmen brauchen. Wie die Menschen und die Tiere sind auch die Pflanzen und Pilze Lebewesen.

der Samen

Aus Samen – zum Beispiel einem Sonnenblumenkern – wachsen neue Pflanzen heran. Wenn Samen in die Erde gelangen, platzen sie auf und beginnen zu keimen. Schließlich wächst eine kleine Pflanze nach oben zur Sonne aus der Erde heraus.

die Blume

Blumen haben Blüten in ganz verschiedenen Formen und Farben. Sie riechen gut und locken Bienen an, die den Zuckersaft aus den Blüten trinken. In der Blüte sind feine Blütenpollen. Wenn die Biene zum Trinken in die Blüte kriecht, bleiben die Pollen an ihr kleben. Sie fliegt zur nächsten Blüte und streift die Pollen ab. Jetzt kann aus der Blüte eine Frucht entstehen.

die Frucht

Im Sommer werden aus den Blüten des Apfelbaumes die Äpfel, die wir im Herbst pflücken können. Der Apfel ist die Frucht des Apfelbaumes. In der Frucht sind die Samen für einen neuen Apfelbaum. Wenn wir die Früchte einer Pflanze essen können, sagt man auch Obst. Eine Nuss ist die Frucht von einem Nussbaum. Sie hat eine ganz harte Schale. Von Nüssen können wir die Kerne essen.

der Zapfen

Nadelbäume haben Zapfen, zum Beispiel die Tanne. Sie haben viele harte Schuppen, zwischen denen sich die Samen der Bäume befinden.

der Pilz

Pilze leben oft im Wald zwischen Laub oder an Bäumen. Manche sind ganz weich, andere steinhart. Mit ihrem langen Stiel und dem Hut sehen sie ein bisschen aus wie ein Regenschirm. Viele Pilze schmecken sehr gut, wie der Pfifferling und der Champignon. Andere Pilze sind jedoch giftig. Deshalb darf man nicht jeden Pilz einfach sammeln und essen.

der Baum

Bäume gehören zu den größten Pflanzen. Manche können höher werden als ein Haus. Sie haben oft einen dicken Stamm aus Holz und dünnere Äste und Zweige. An manchen Bäumen wachsen Blätter. Man nennt sie Laubbäume. Im Herbst fallen die Blätter zu Boden. Nadelbäume wie die Tanne oder die Fichte haben statt der Blätter Nadeln.

Unsere Erde

Im Weltall gibt es Milliarden von Sternen und Planeten. Auch die Erde ist ein Planet. Da es auf unserem Planeten viel Wasser gibt, können wir Menschen, die Tiere und die Pflanzen hier leben. Die Landschaften der Erde sind sehr vielfältig. Im Gebirge wechseln sich hohe Berge und tiefe Täler ab. Breite Flüsse schlängeln sich durch dichte Wälder. Dort, wo Vulkane ausbrechen, fließt glühende Lava über das Land.

In diesem Kapitel ist auf jedem großen Bild ein leuchtender Komet versteckt. Findest du ihn?

Die Erde ist ein Planet. Das Wort „Planet“ ist griechisch und bedeutet „Wanderer“. Planeten wie die Erde wandern um die Sonne. Dabei bewegt sich jeder auf einer eigenen kreisförmigen Bahn. Außer der Erde gibt es noch sieben andere Planeten, die sich um die Sonne drehen. Sie heißen Merkur, Venus, Mars, Jupiter, Saturn, Uranus und Neptun. Sie gehören alle zu unserem Sonnensystem. Ganz weit entfernt gibt es noch einen Zwergplaneten, den Pluto.

Nur auf der Erde können Menschen leben. Auf den anderen Planeten ist es eiskalt oder glühend heiß. Es gibt auch keine Luft zum Atmen. Die Sonne selbst ist kein Planet, sondern ein Stern. Sie leuchtet und ihre Strahlen sorgen dafür, dass es auf den Planeten hell und warm wird.

der Merkur

Merkur ist der kleinste Planet in unserem Sonnensystem. Er fliegt sehr nah an der Sonne vorbei. Deswegen ist es auf dem Planeten tagsüber besonders heiß. Es ist so heiß, dass es auf dem Merkur nur Steine gibt. Keine Pflanze könnte dort wachsen. In der Nacht ist es dagegen eisig kalt. Auf der Oberfläche des Merkur gibt es viele tiefe Einschlaglöcher. Sie sind wahrscheinlich entstanden, als große Steinbrocken aus dem All auf dem Planeten aufschlugen. Solche Krater kann man auch auf unserem Mond sehen.

die Erde

Die Erde ist der einzige Planet in unserem Sonnensystem, auf dem Menschen, Tiere und Pflanzen leben können. Die Sonne gibt uns genau so viel Licht und Wärme, dass es nicht zu heiß und nicht zu kalt ist. Außerdem hat die Erde eine Hülle aus Luft, die wir zum Atmen brauchen. Sie heißt Atmosphäre. Es dauert ein Jahr, bis die Erde einmal um die Sonne geflogen ist. Zudem dreht sich die Erde jeden Tag einmal um sich selbst. Deshalb gibt es Tag und Nacht, weil jeder Ort nur eine Zeit lang von der Sonne beschienen wird und sonst im Schatten liegt.

die Venus

Die Venus ist der Erde am nächsten. Sie ist fast genauso groß wie die Erde und ist auch von einer Hülle umgeben. Allerdings besteht diese nicht aus Luft. Ein Mensch könnte dort nicht atmen. Außerdem ist es sehr, sehr heiß. Die Venus ist das ganze Jahr über von Wolken umgeben. Wahrscheinlich gibt es ständig Gewitter mit heftigen Blitzen und es regnet oft. Wegen der Wolken kann man die Oberfläche der Venus nicht direkt beobachten. Aber viele Raumsonden haben die Venus schon erforscht. Der Boden ist glühend rot. Wie alle Planeten dreht sich auch die Venus um sich selbst. Jedoch dreht sie sich als einziger Planet in die andere Richtung. Außerdem dreht sie sich ganz langsam. Deswegen dauert ein Tag auf der Venus so lange wie 225 Tage auf der Erde.

der Mars

Den Mars nennt man auch den Roten Planeten, da seine Oberfläche ganz rot aussieht. Er ist nur etwa halb so groß wie die Erde. Der Mars ist der Erde am ähnlichsten. Wissenschaftler haben sogar entdeckt, dass es wie auf der Erde Wasser auf dem Mars gibt. Allerdings ist es zu Eis gefroren, weil es so kalt ist. Es gibt tiefe Schluchten und Vulkane, die viel größer sind als die auf der Erde. Manchmal toben heftige Wirbelstürme auf dem Mars. Riesige Wolken aus rotem Staub werden dabei aufgewirbelt und bedecken den ganzen Planeten.

der Jupiter

Der größte und schwerste Planet unseres Sonnensystems ist der Jupiter. Er hat auch die meisten Monde, insgesamt 63. Der Jupiter hat keinen festen Boden aus Gestein, so wie die Erde. Er besteht aus flüssigem Gas und Eis. Um ihn herum gibt es eine dichte Wolkenschicht, die aus dunklen und hellen Wolkenbändern besteht. Zwischen den Wolken tobt ständig ein riesiger Wirbelsturm. Er wird „Großer Roter Fleck“ genannt.

der Uranus

Obwohl er ziemlich weit weg ist, kann man den Uranus unter guten Bedingungen von der Erde aus mit bloßem Auge sehen. Wie der Saturn hat auch er einen Ringgürtel aus Steinbrocken und Staub, allerdings einen viel schmaleren. Der Uranus ist von einer Hülle aus Wolken und Eis umgeben, durch die man nicht hindurchsehen kann. Durch sie sieht der Planet grünlich blau aus.

der Saturn

Der Saturn ist wie der Jupiter ein riesiger Planet aus Gas. Über 1000 Ringe umgeben ihn wie ein platter Gürtel. Sie bestehen aus Steinen, Felsbrocken und Eis.

Der Saturn braucht über 29 Erdjahre, bis er sich einmal um die Sonne gedreht hat. Dafür ist ein Saturntag viel kürzer als ein Tag auf der Erde. Da er recht weit von der Sonne entfernt liegt, ist es auf dem Saturn sehr kalt.

der Neptun

Ein riesiger Planet aus Gas wie der Saturn ist auch der Neptun. Auf dem Neptun ist es eiskalt, da er sehr weit von der Sonne entfernt liegt. Wenn es von der Sonne zur Erde nur ein Schritt wäre, müsste man mehrere Kilometer weit laufen, um den Neptun zu erreichen.

der Pluto

Pluto ist ein Zwergplanet. Er ist sogar kleiner als unser Mond. Von der Erde ist er weiter entfernt als alle Planeten unseres Sonnensystems. Aus diesen beiden Gründen hat man ihn erst sehr spät entdeckt.

In einer klaren Nacht ohne Wolken sieht man viele Sterne am Himmel. Besonders gut sieht man die Sterne auf dem Land, wo nicht so viele Lichter brennen wie in der Stadt. Am besten ist es, wenn die Nacht ganz dunkel und der Mond noch nicht aufgegangen ist. Die Sterne am Himmel stehen immer an der selben Stelle, sie bewegen sich nicht. Weil sich jedoch die Erde dreht, sieht es so aus, als würden die Sterne nachts über den Himmel ziehen. Der Sternenhimmel auf der anderen Hälfte der Erde sieht anders aus als bei uns. Es gibt dort auch andere Sternbilder.

der Stern

Die meisten Sterne am Himmel sind glühende Kugeln aus Gas, so wie unsere Sonne. Sie sind sehr groß und leuchten hell. Da sie sehr weit von uns entfernt sind, sehen sie am Himmel ganz klein aus. Auf einem Stern kann man nicht leben, da es dort viel zu heiß ist. Niemand weiß, wie viele Sterne es insgesamt gibt.

die Milchstraße

In einer klaren Nacht sieht man manchmal ein breites weißes Band am Himmel. Das ist die Milchstraße. Sie besteht aus Millionen von Sternen. Auch die Sonne und das ganze Sonnensystem gehören dazu. So riesige Sternsysteme wie die Milchstraße nennt man Galaxien.

das Sternbild

Bei bestimmten Sternen sieht es so aus, als würden sie zusammengehören. Sie ergeben Bilder am Himmel, die man Sternbilder nennt. Gemeinsam sehen einige Sterne zum Beispiel aus wie ein Jäger mit einem Schwert. Dieses Sternbild hat man deshalb nach einem griechischen Gott „Orion" genannt.

das Teleskop

Ein Teleskop ist ein Fernrohr und vergrößert das, was wir sehen. Mit ihm kann man Dinge beobachten, die sehr weit weg sind, zum Beispiel Sterne im Weltall. Manche Teleskope sind sehr groß. Sie befinden sich in einer Sternwarte. Das ist ein Gebäude, von dem aus Wissenschaftler das All erforschen.

die Sternschnuppe

Im Weltall fliegen viele unterschiedlich große Steine herum. Manchmal rast ein solcher Stein mit großer Geschwindigkeit direkt auf die Erde zu. Auf seinem Weg zur Erde muss er jedoch durch ihre Lufthülle hindurch. Diese Hülle schützt die Erde. Sie besteht aus vielen winzigen Luftteilchen. Wenn der Stein durch die Luftteilchen fliegt, wird er ganz heiß und verglüht schließlich. In einer dunklen, wolkenlosen Nacht können wir dann eine leuchtende Spur am Himmel sehen. Das ist eine Sternschnuppe.

der Mond

Der Mond kreist um unsere Erde. Am Nachthimmel sieht es so aus, als ob er leuchtet. Doch das stimmt nicht. Er wird von der Sonne angestrahlt und wirft das Sonnenlicht auf die Erde. Bei Vollmond sehen wir die ganze Seite des Mondes, die von der Sonne angeleuchtet wird. Sehen wir nur einen Teil der beleuchteten Seite, ist Halbmond.

der Komet

Ein Komet ist wie ein großer Schneeball, der die Sonne umkreist. Er besteht aus Staub, Gas und Eis. In der Nähe der Sonne zieht er einen glühenden Schweif aus geschmolzenem Eis hinter sich her.

Wenn Astronauten aus dem Weltall auf die Erde blicken, sieht unser Planet wie eine große blaue Kugel aus. Das liegt an den riesigen Ozeanen, die es auf der Erde gibt. Der größte Teil der Erde ist mit Wasser bedeckt. Zwischen den Ozeanen liegen große Landflächen, auf denen wir Menschen wohnen.

Um die Mitte der Erde verläuft wie ein Gürtel der Äquator. Dort ist es immer heiß, weil die Sonne sehr stark scheint. Hier gibt es auch keinen Winter. Je weiter man von der Mitte aus nach oben oder unten auf der Erde kommt, umso kühler wird es, weil die Sonne schwächer scheint.

der Kontinent

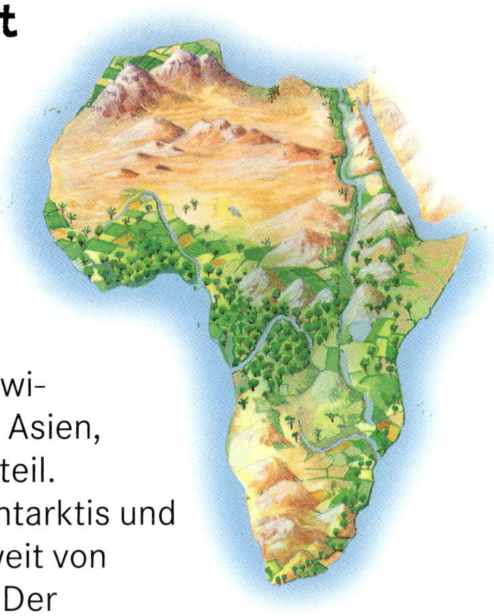

Kontinente sind die Erdteile zwischen den Ozeanen. Das Land, in dem wir leben, gehört zu dem Kontinent Europa. Er liegt zwischen Afrika und Asien, dem größten Erdteil. Australien, die Antarktis und Amerika liegen weit von Europa entfernt. Der Kontinent Amerika besteht aus Nordamerika und Südamerika. Australien ist der kleinste Erdteil.

der Ozean

Unsere Erde hat drei große Weltmeere, die wir Ozeane nennen: den Atlantischen Ozean, den Pazifischen Ozean und den Indischen Ozean. Sie liegen zwischen den Erdteilen. Zu ihnen gehören auch viele Meere, wie die Nordsee und das Mittelmeer.

der Pol

Wenn man von oben auf die Erdkugel blickt, sieht man den Nordpol. Von unten sieht man den Südpol. Die Pole bekommen nur schwache Sonnenstrahlen ab, deshalb ist es dort sehr kalt und es gibt nur Eis und Schnee. Den ganzen Winter über scheint nie die Sonne. Im Sommer dagegen geht sie gar nicht unter, auch in der Nacht nicht.

die Insel

Eine Insel ist ein Stück Land mitten im Meer oder in einem See. Es gibt sehr kleine Inseln, auf denen niemand wohnt. Andere Inseln sind so groß wie ein ganzes Land. Inseln sind meist Bergspitzen, die aus dem Wasser ragen. Unter Wasser reichen sie bis auf den Meeresgrund.

die Eiskappe

Rund um den Nordpol und den Südpol gibt es Landschaften, die nur aus Schnee und Eis bestehen, weil es dort so kalt ist. An diesen Orten können keine Pflanzen wachsen und nur wenige Tiere leben. Auf dem Wasser schwimmen große Eisschollen und riesige Eisberge ragen daraus hervor.

der Wald

Wälder bestehen aus unendlich vielen Bäumen, die dicht beieinander stehen. Es gibt Wälder aus Nadelbäumen und Wälder aus Laubbäumen oder Mischwälder aus Laub- und Nadelbäumen. Bäume sorgen dafür, dass wir genug saubere Luft zum Atmen haben. Deswegen sind Wälder für uns sehr wichtig.

Auf der Erde gibt es sehr unterschiedliche Landschaften. An manchen Orten ist es sehr heiß, an anderen eisig kalt. An einigen regnet es jeden Tag, an anderen fast nie. In manchen Regionen ragen hohe Berge empor, andere bestehen aus saftigen grünen Wäldern, wieder andere aus endlosen trockenen Sandflächen.

die Steppe

Steppen gibt es in den trockenen Orten der Erde. Dort wachsen nur wenige Bäume, dornige Büsche und dürres Gras. Wasserstellen sind selten. Die größten Steppen gibt es in Afrika. Sie heißen auch Savannen.

die Wüste

In einer Wüste ist es sehr heiß und es regnet nur selten. Es gibt kaum Wasser und fast keine Pflanzen – überall nur Sand oder Felsen. Starke Stürme wehen manchmal viel Sand an einer Stelle zusammen, dann entstehen Dünen.

der Regenwald

Um die Mitte der Erde herum wachsen in vielen Ländern riesige Regenwälder. In einem Regenwald ist es immer heiß und feucht. Meistens regnet es jeden Tag für eine kurze Zeit. Es gibt sehr hohe Bäume und viele andere Pflanzen und Tiere.

das Gebirge

Ein Gebirge besteht aus vielen hohen Bergen und tiefen Tälern. An den steilen Hängen können kaum Pflanzen wachsen. Je höher man in einem Gebirge kommt, umso kälter wird es. Viele Gebirge sind immer von Schnee bedeckt.

In den Bergen

der Berg

Ist das Gestein, aus dem ein Berg besteht, hart, ist er oben meist spitz und kantig. Gewölbte Berge sind aus weicherem Gestein. Die Berge unserer Erde sind schon sehr alt. Sie entstanden zum Beispiel durch einen Vulkanausbruch oder wurden über viele Millionen Jahre hinweg ganz, ganz langsam aus der Erde in die Höhe gedrückt.

das Gestein

Die Berge und Felsen in einem Gebirge sind aus Gestein. Gestein besteht aus winzig kleinen Mineralien, die fest zusammenhängen. Manche Gesteine sind ganz hart, andere brechen leicht. Auch Sand ist Gestein, das ganz fein zerbröselt ist.

das Tal

Ein Tal ist eine Einkerbung zwischen zwei Bergen. Viele Täler sind durch Flüsse entstanden. Das Wasser hat im Laufe der Zeit Sand, Steine und kleine Felsbrocken vom Boden abgelöst und mitgenommen. So entstand eine Rinne, die immer tiefer wurde. Auch das Eis von einem Gletscher kann in das Gestein eines Berges ein Tal graben. Manche Täler sehen aus wie ein U, andere wie ein V.

Im Gebirge gibt es viele hohe Berge. Manche haben oben eine hohe Spitze, andere einen schmalen Grat. Einige sind flach gewölbt. Unten wachsen Wiesen und Wälder. Darüber gibt es nur noch Geröllfelder und steile Felswände. Die Gipfel liegen oft unter einer Schneedecke.

die Höhle

Eine Höhle ist ein Hohlraum in einem Berg. Sie kann entstehen, wenn Wasser in das Gestein eines Berges sickert und den Felsen innen langsam auflöst. Wenn es in einer Höhle oft von der Decke tropft, entstehen mit der Zeit Steinsäulen: Hängen sie an der Decke der Höhle, nennt man sie Stalagtiten. Wachsen sie vom Boden in die Höhe, heißen sie Stalagmiten.

der Gletscher

Gletscher sind Flüsse aus Eis. Man sieht es kaum, aber sie bewegen sich ganz langsam nach unten ins Tal. Dabei bricht das Eis an manchen Stellen und es entstehen tiefe Gletscherspalten.

die Versteinerung

Im Gebirge oder auch in einem Steinbruch findet man manchmal Steine, in denen sich der Abdruck einer Pflanze oder eines Tieres befindet, zum Beispiel ein Schneckenhaus oder ein Skelett. Man nennt sie Versteinerungen oder Fossilien. Das versteinerte Tier hat vor vielen Millionen von Jahren gelebt.

Am Fluss

Alle Flüsse kommen aus dem Gebirge. Dort ist die Quelle, aus der der Gebirgsbach entspringt. An steilen Hängen fließt er schnell geradeaus. Kommt er durch flache Landschaft, windet sich der Fluss in weiten Bögen. Schließlich mündet er ins Meer. Flusswasser kann man trinken, wenn es sauber ist. Es ist nicht salzig wie das Wasser im Meer.

die Quelle

Wenn es regnet, versickert das Wasser im Boden. Dort sammelt es sich und sprudelt an einer anderen Stelle wieder hervor. Dieser Ort wird Quelle genannt. Zuerst fließt aus der Quelle ein kleiner Bach. Immer mehr Wasser sammelt sich darin und aus dem Bach wird ein Fluss. Fast alle Quellen liegen hoch oben in den Bergen. Quellwasser ist meistens sehr sauber.

der Bach

Einen schmalen Wasserlauf nennt man Bach. Wenn er größer wird oder mehrere Bäche ineinanderfließen, entsteht ein Fluss. Andere Flüsse fließen in den Fluss und bilden einen Strom. Das ist ein sehr langer und breiter Fluss.

der Wasserfall

Wenn ein Bach durch ein Gebirge fließt, stürzt er an manchen Stellen tief in eine Felsschlucht. So ein Wasserfall kann sehr groß sein und so laut donnern, dass man sich kaum noch unterhalten kann. Manchmal fließt ein Wasserfall über viele große Felsbrocken und verzweigt sich dabei in mehrere kleine Wasserfälle.

der See

In einem See ist Wasser gestaut. Es befindet sich in einer Mulde oder einem Becken, aus dem es nicht abfließen kann. Im Gebirge gibt es oft dort Seen, wo vorher Gletscher waren. Es gibt auch Seen in den Kratern von alten Vulkanen oder in Gruben, aus denen Menschen Erde und Kies gegraben haben. Manchmal fließt ein Fluss in den See und an einer anderen Stelle wieder hinaus.

die Schlucht

Eine Schlucht ist ein sehr enges und tiefes Tal mit steilen Felswänden. Schluchten entstehen, wenn der Fluss, der das Tal in den Berg gräbt, sehr schnell fließt. Dann hat er viel Kraft, um das Gestein des Berges tief einzuschneiden.

die Mündung

Die Mündung ist das Ende eines Flusses. Dort fließt er in einen anderen Fluss, in einen See oder ins Meer. Ist das Land an der Mündung sehr flach, verzweigt sich der Fluss in mehrere Bäche und es entsteht ein breites Delta.

der Strand

An flachen Küsten gibt es oft lange Sandstrände. Der Sand kommt aus dem Meer. Wenn die Wellen auf das Land auflaufen, werden sie langsamer. Der Sand fällt zu Boden und bleibt dort liegen, während das Wasser wieder abfließt.

die Welle

Meistens sind am Meer viele Wellen zu sehen. Weit draußen bläst starker Wind und wühlt das Wasser auf. Es bilden sich Wasserhügel und Wassertäler. Wenn sich die Wellenberge überschlagen, entstehen oben Schaumkronen.

Ebbe und Flut

An der Küste gibt es Ebbe und Flut. Man sagt dazu auch Gezeiten. Bei Ebbe zieht sich das Meer von der Küste zurück. Dann sieht man dort das Watt, eine platte Fläche aus feuchtem Sand. Ein paar Stunden später setzt die Flut ein und das Wasser fließt wieder zurück an die Küste.

An der Küste trifft das Meer auf das Land. Manche Küsten sind ganz flach und haben lange Strände, an denen man spazieren und baden gehen oder große Sandburgen bauen kann. Es gibt aber auch Küsten mit vielen Felsen und Steilküsten. Dort kann man nur schwer ins Wasser gehen. An manchen Küsten sind Ebbe und Flut sehr stark. Dann kann man viele Muscheln sammeln.

die Düne

An manchen Küsten liegen hinter dem Strand Dünen. Eine Düne ist ein Hügel aus Sand, der vom Wind aufgetürmt wurde. Manche Dünen wandern, weil der Wind sie immer weiter treibt. Auf anderen Dünen wachsen Gräser und Sträucher und halten den Sand fest. Auch in Wüsten gibt es Dünen.

die Steilküste

Bei einer Steilküste ragen hohe Felsen aus dem Meer empor. Die Wellen schlagen mit großer Kraft dagegen und tragen das Gestein ab. Dabei können sich bei starker Brandung ganze Felsbrocken aus dem Kliff lösen.

die Muschel

Muscheln sind Tiere, die im Meer und an der Küste leben. Sie haben einen ganz weichen Körper und deshalb zum Schutz zwei harte Schalen. Manche haben auch eine Schale, die wie ein Schneckenhaus aussieht. Viele Muscheln halten sich an Steinen fest. Stirbt die Muschel, werden die leeren Schalen oft an den Strand gespült.

Wenn aus einem Berg manchmal große Rauchwolken austreten und er Feuer und Asche spuckt, ist es ein Vulkan. Viele Berge auf der Erde sind Vulkane. Doch die meisten von ihnen speien kein Feuer mehr, sie sind erloschen. Bei einem Vulkanausbruch sprudelt heiße Lava durch eine Öffnung des Vulkans. Meistens befindet sich das Loch oben, manchmal jedoch auch an der Seite des Vulkans. Es gibt auch Vulkane, die tief unten im Meer ausbrechen.

der Krater

Wenn ein Vulkan ausbricht, wird die Spitze des Berges manchmal durch eine gewaltige Explosion weggesprengt. Es entsteht ein tiefes Loch, das man Krater nennt. In erloschenen Vulkanen bilden sich oft Kraterseen.

die Lava

Lava ist flüssiges Gestein. Sie ist sehr heiß und glüht rot, weil sie tief aus dem Inneren der Erde kommt. Dort herrschen so hohe Temperaturen, dass selbst Gestein schmilzt. Bei einem Vulkanausbruch wird diese Gesteinsmasse nach oben gedrückt und fließt an den Hängen des Vulkans herunter. Nach einiger Zeit kühlt die Lava ab, wird schwarz und hart. Oft entstehen so neue Landschaften.

die Aschewolke

Ein Vulkan spuckt nicht nur Feuer und Lava, sondern oft auch riesige Wolken aus Asche, Staub und kleinen Steinen. Diese Aschewolken können den Himmel so verdunkeln, dass man die Sonne nicht mehr sieht. Sie können auch sehr gefährlich sein, wenn sie wie eine Lawine zu Boden stürzen. Sie reißen alles mit und begraben es unter sich. Oft mussten dadurch schon Menschen sterben. Die Asche eines Vulkans ist aber auch sehr gut für den Boden. Sie macht ihn fruchtbar.

die Springquelle

Bei einer Springquelle schießt immer wieder heißes Wasser oder heißer Dampf durch eine Öffnung in der Erde in die Höhe. Manchmal spritzt das Wasser mehrere Hundert Meter hoch. Eine Springquelle wird auch Geysir genannt.

die heiße Quelle

In der Nähe von Vulkanen gibt es oft heiße Quellen. Wie bei einer normalen Quelle sprudelt hier Wasser aus dem Boden. Allerdings ist das Wasser heiß, weil es aus der Tiefe der Erde kommt, wo es sehr warm ist. Das Gestein um die Quelle ist manchmal ganz bunt und das Wasser stinkt nach faulen Eiern.

das Erdbeben

Bei einem Erdbeben wackelt der Boden. Oft dauert die Erschütterung nur wenige Sekunden. Die meisten Erdbeben sind so schwach, dass wir Menschen sie gar nicht wahrnehmen. Manchmal jedoch bebt die Erde so stark, dass der Boden aufreißt und sogar Häuser und Brücken einstürzen können. Ein Erdbeben entsteht tief im Inneren der Erde. Dort ist heißes, flüssiges Gestein, das brodelt und kocht. Es wird von einem harten Gestein, der Erdkruste, zusammengehalten. An manchen Stellen ist diese aufgebrochen. Wenn dort die Ränder gegeneinanderstoßen oder aneinander reiben, bebt die Erde.

der Frühling

Im Frühling fangen die Blumen und Bäume an zu blühen. Bienen fliegen von Blüte zu Blüte. Die Hasen kommen aus ihrem Versteck und ziehen ihre Jungen groß. Das Wetter ist sehr wechselhaft. Manchmal ist es sonnig und warm, manchmal stürmisch, kalt und regnerisch.

der Sommer

Der Sommer bringt die wärmsten Monate im Jahr. Aus den Blüten der Bäume sind Früchte geworden. Auf dem Feld ist Getreide gewachsen. Die Sonne scheint warm und bis weit in den Abend hinein, man kann lange draußen spielen. Manchmal gibt es plötzliche Sommergewitter.

der Herbst

Wenn die Blätter rot und gelb werden und von den Bäumen fallen, ist es Herbst. Bei Wind kann man Drachen steigen lassen. Wolken ziehen über den Himmel und an vielen Tagen gibt es morgens Nebel oder Frost. Wenn es regnet, macht man es sich im Haus gemütlich.

der Winter

Im Winter wird es am Abend viel früher dunkel als im Sommer. Die Laubbäume haben keine Blätter mehr. Es ist kalt. Wenn es schneit und die Seen zufrieren, kann man einen Schneemann bauen und Schlittschuh laufen oder mit Freunden eine Schneeballschlacht machen.

der Wind

Wind ist Luft, die sich bewegt. Am Meer ist es oft windig. Wenn die Sonne scheint, erwärmt sich das Land schneller als das Wasser. Die warme Luft steigt über dem Strand nach oben. Dafür strömt kühle Luft vom Meer nach und wir fühlen den Wind. Einen starken Wind nennt man Sturm oder Orkan.

der Regen

In den Wolken am Himmel sammeln sich unzählig viele winzige Wassertröpfchen. Werden sie mit der Zeit immer größer und schwerer, kann die Wolke die Tropfen irgendwann nicht mehr halten. Sie fallen zur Erde und es regnet.

die Sonne

Wenn die Sonne auf die Erde scheint, wird es hell und warm. Im Sommer ist die Sonne besonders stark und es kann sehr heiß werden. Die Sonne geht jeden Morgen auf und abends wieder unter. Sie scheint den ganzen Tag, nur sehen wir sie manchmal nicht, weil am Himmel Wolken sind.

die Wolke

Scheint die Sonne auf das Meer, nimmt die warme Luft winzige unsichtbare Tröpfchen aus dem Wasser in sich auf. Man sagt, das Wasser verdunstet. Oben am Himmel sammeln sich die Tröpfchen zusammen und bilden Wolken.

das Gewitter

Wenn sich am Himmel große schwarze Wolken auftürmen, gibt es meist bald ein Gewitter. Dann zucken grelle Blitze vom Himmel und für einen Moment wird alles hell beleuchtet. Kurz darauf ertönt ein gewaltiger Knall: der Donner. Dazu regnet es sehr heftig. Ein Gewitter entsteht, wenn weit oben am Himmel kalte und warme Luft aufeinanderstoßen. Ein Blitz ist elektrisch, so wie der Strom aus der Steckdose, nur viel stärker. Deshalb sollte man bei Gewitter in einem Haus oder Auto Schutz suchen.

der Nebel

Bei starkem Nebel kann man nur ein paar Schritte weit sehen. Über allem liegt ein weißer Schleier. Das kommt daher, dass die Luft sehr feucht und voller winzig kleiner Wassertropfen ist. Nebel ist so etwas wie eine Wolke am Boden.

der Frost

An einem kühlen, feuchten Morgen kann es Frost geben. Eine dünne, weiße Decke liegt über dem Gras und den Blättern. Wenn die Sonne darauf scheint, fängt alles wunderschön an zu glitzern. Die weiße Decke ist eine dünne Eisschicht. Das Gras und die Blätter waren feucht und die Wassertröpfchen sind über Nacht gefroren.

das Eis

Wenn es sehr kalt ist, gefriert Wasser zu Eis. Das heißt, es wird fest. Auf einem See entsteht dann eine spiegelglatte Fläche. Ist sie durchsichtig, kann man die Fische darunter sehen. An Hausdächern bilden sich manchmal Eiszapfen.

der Regenbogen

Wenn es regnet und zugleich die Sonne scheint, kann es einen Regenbogen geben. Dann spiegelt sich die Sonne in den Wassertröpfchen. Ein Regenbogen spannt sich in vielen Farben über den Himmel. Die Streifen sind rot, orange, gelb, grün, blau und lila. Manchmal sieht man nur einen Teil des Bogens, manchmal sogar zwei übereinander.

der Schnee

Im Winter gefrieren die Wassertröpfchen in den Wolken und Schnee fällt vom Himmel. Wenn man Schneeflocken aus der Nähe betrachtet, sieht man ihre schönen Muster. Sie haben alle sechs Ecken. Dennoch hat jede Schneeflocke ein ganz eigenes Muster. Wenn es kalt genug ist, bleibt der Schnee am Boden liegen und man kann darauf Schlitten fahren.

Vergangene Zeiten

Unsere Erde ist schon sehr alt – fast fünf Milliarden Jahre! Eine lange Zeit wurde sie von riesigen Sauriern bewohnt. Erst sehr viel später tauchten die ersten Menschen auf der Erde auf. Das Leben, das sie führten, sah zu jeder Zeit und an jedem Ort verschieden aus. Es gab die unterschiedlichsten Häuser, Kleider, Verkehrsmittel oder Berufe. Und es war ganz anders, als wir es bei uns heute kennen.

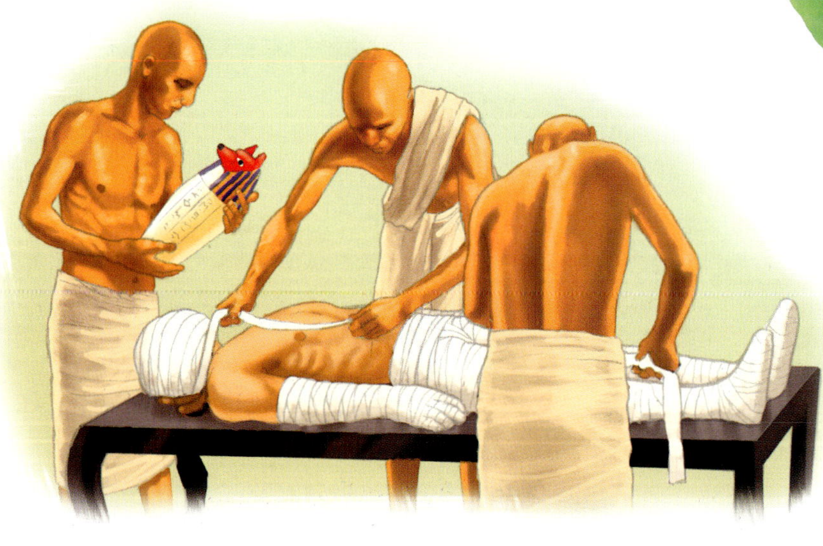

In diesem Kapitel hat sich auf jedem großen Bild eine kleine Libelle versteckt. Findest du sie?

Die Saurier

Dinosaurier sind Tiere, die vor etwa 200 Millionen Jahren lebten. Manche waren groß wie ein Haus und wogen so viel wie 130 Autos. Sie bewegten sich schwerfällig und ernährten sich von Pflanzen. Andere waren kaum größer als ein Huhn. Die Fleischfresser besaßen spitze Krallen und kräftige Zähne, mit denen sie andere Saurier jagten. Fischsaurier lebten im Wasser und hatten Flossen zum Schwimmen. Durch die Lüfte segelten Flugsaurier mit riesigen Hautflügeln. Sie waren die größten Lebewesen, die jemals fliegen konnten.

der Tyrannosaurus rex

Einer der größten und gefährlichsten Fleischfresser war der Tyrannosaurus rex. Seine Arme waren relativ kurz, nicht länger als die Arme eines Menschen. Dafür hatte er starke Hinterbeine, mit denen er schnell rennen konnte. Um dabei nicht umzufallen, hielt er mit seinem kräftigen Schwanz das Gleichgewicht.

der Velociraptor

Der Velociraptor war nur so groß wie ein Truthahn. Er war sehr beweglich und konnte schnell rennen. Beute jagte er im Rudel mit anderen zusammen. Seine gefährlichste Waffe war eine gebogene, messerscharfe Kralle am Fuß, die er wie einen Dolch einsetzte. Er gilt als einer der intelligentesten Dinosaurier.

der Archaeopteryx

Archaeopteryx bedeutet „uralter Flügel“. Dieser Saurier hatte Flügel und Federn wie ein Vogel. Er hatte aber auch scharfe Krallen, einen langen Schwanz und spitze Zähne wie ein kleiner Dinosaurier. Vermutlich konnte er nicht besonders gut fliegen. Er nutzte seine Flügel eher, um von einem Baum aus im Sturzflug ein Beutetier zu fangen.

der Ankylosaurus

Zum Schutz vor Angreifern hatte dieser Pflanzenfresser einen dicken Knochenpanzer, der mit langen Stacheln besetzt war. Wenn er mit seiner Schwanzkeule ausschlug, konnte er selbst dem Tyrannosaurus gefährlich werden.

der Diplodocus

Der Diplodocus zählt zu den längsten Tieren, die es je gegeben hat. Vom Kopf bis zur Schwanzspitze war er so lang wie zwei Busse hintereinander. Er fraß vor allem Pflanzen, die am Boden wuchsen. Er hatte große, dünne Zähne, die er wie einen Rechen einsetzte, um Blätter und Früchte abzureißen.

der Pteranodon

Dieser Flugsaurier hatte riesige Flügel aus dicker Haut. Wenn der Pteranodon seine Flügel ausbreitete, segelte er wie ein kleines Flugzeug am Himmel. Mit dem langen Schnabel fing er Fische aus dem Wasser. Wie die heutigen Vögel besaß er keine Zähne. Wozu er den langen Kamm am Kopfende trug, weiß man nicht.

der Stegosaurus

Der Stegosaurus war so lang und schwer wie zwei Autos und fraß nur Pflanzen. Wozu er die Knochenplatten auf seinem Rücken hatte, weiß man nicht genau. Sie waren fast einen Meter lang und beweglich. Vielleicht nutzte er sie, um Sonnenwärme aufzufangen. Wenn er angegriffen wurde, wehrte er sich mit seinem Dornenschwanz.

der Plesiosaurus

Der Plesiosaurus ist kein Dinosaurier. Er gehört zu den Fischsauriern und lebte im Wasser. Seine vier Flossen sahen wie Paddel aus. Ähnlich wie ein Pinguin konnte er sich damit schnell durchs Wasser bewegen.

der Triceratops

Der Name dieses Pflanzenfressers bedeutet „Dreihorngesicht“. Er hatte ein kurzes Horn auf der Nase und zwei lange Hörner über den Augen. Diese Hörner und sein großer Nackenschild schützten ihn vor Angreifern.

der Brachiosaurus

Der Brachiosaurus war einer der größten und schwersten Dinosaurier. Er fraß nur Pflanzen. Der Name bedeutet „Armechse“, weil er sehr lange Vorderbeine hatte. Da sein Körper so riesig war, sah der Kopf sehr klein aus. Mit seinem außergewöhnlich langen Hals erreichte er Blätter und Früchte hoch oben in den Baumwipfeln. Er wurde bis zu 100 Jahre alt.

Die Steinzeit

Vor vielen Tausend Jahren lebten die Menschen in Gruppen zusammen. Zu Fuß zogen sie oft weite Strecken durch das Land und folgten Mammut- oder Rentierherden. Sie suchten nach Beeren und essbaren Wurzeln und jagten wilde Tiere, um deren Fleisch zu essen. Aus den Fellen und Häuten stellten sie Zelte oder Kleidung her. Zum Schutz vor Raubtieren oder Unwettern wohnten die Menschen in Höhlen. Da sie noch kein Metall kannten, fertigten sie Werkzeuge und Waffen aus Stein. Deshalb nennt man die Zeit, in der sie lebten, Steinzeit.

das Feuer

Wenn man zwei Feuersteine aneinanderschlägt, entstehen Funken. Um damit ein Feuer zu entfachen, braucht man noch etwas, das leicht anfängt zu brennen. Die Steinzeitmenschen nahmen Holzspäne oder getrocknete Pilze.

die Fackel

Mit brennenden Ästen konnten die Menschen Raubtiere verjagen. Fackeln gaben den Menschen auch Licht. Damit eine Fackel länger brannte, wurde sie in Harz getränkt.

das Fell

Die Menschen aßen nicht nur das Fleisch eines Tieres. Sie säuberten und trockneten auch das Fell und die Haut, um daraus Zelte oder Kleidung zu machen.

der Knochenschmuck

Aus den Knochen der Tiere und dem Elfenbein der Stoßzähne eines Mammuts stellten die Steinzeitmenschen außer Waffen auch Schmuck her. Sie fertigten kleine Perlen und fädelten sie auf Tiersehnen. Wer eine solche Kette trug, sollte die Kraft des Tieres bekommen, von dem die Knochen stammten.

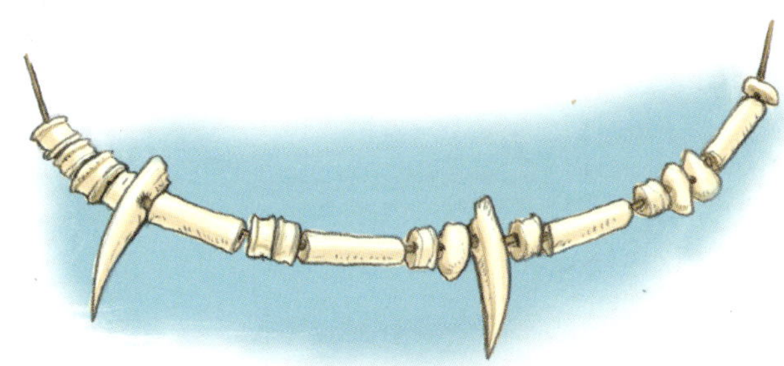

die Höhlenmalerei

Überall auf der Welt haben Forscher Höhlenbilder aus der Steinzeit entdeckt. Da die Bilder im Inneren der Höhle geschützt waren, sind sie oft noch gut erhalten. Sie erzählen uns viel vom Leben der Steinzeitmenschen. Die Menschen malten mit Farben, die in der Natur vorkamen. Die gelblich rote Farbe ist Ocker, eine Tonerde. Die schwarzen Umrandungen der Tierbilder machten sie mit Holzkohle. Gemalt wurde mit den Fingern oder mit Pinseln aus Tierhaaren. Wenn man die Farben zu einem feinen Pulver zerrieb, konnten sie mit dem Mund auf die Wand gesprüht werden. Zum Beleuchten der Höhle dienten Lämpchen aus Talg, den die Menschen aus dem Fett der gejagten Tiere herstellten.

das Zelt

Die Steinzeitmenschen bauten Zelte zum Wohnen und als Lager für Geräte und Lebensmittel. Als Zeltstangen eigneten sich lange Holzstäbe oder auch die großen Knochen und Stoßzähne der Mammute. Sie wurden mit Tiersehnen fest zusammengebunden. Angespitzte Knochenteile konnten wie Nägel eingesetzt werden. Als Zeltwand legten die Menschen Tierhäute über das Gerüst.

der Faustkeil

Ein Faustkeil ist ein Werkzeug aus Stein. Die Steinzeitmenschen nutzten ihn als Messer oder Schaber, um Fleisch von Tierknochen abzuschaben oder um aus den Fellen der Tiere Kleidung herzustellen.

das Mammut

In der Steinzeit lebten die Mammute. Heute sind sie längst ausgestorben. Die Wollhaarmammute sahen aus wie riesige Elefanten mit dichtem Fell. Ihre Stoßzähne waren sehr lang und stark gebogen. Sie durchstreiften in Herden das Land und fraßen hauptsächlich Gräser. Die Steinzeitmenschen bauten oft tiefe Gruben und trieben die riesigen Tiere mit brennenden Ästen in diese Fallen. Ein Mammut lieferte Fleisch, Knochen, Haut und Fell für viele Familien.

die Jagd

Die Menschen der Steinzeit verbrachten viel Zeit damit, genug Nahrung für alle zu beschaffen. Vor allem die Männer gingen auf die Jagd nach wilden Tieren. Große Tiere wurden mit brennenden Ästen in eine Falle getrieben und mit Steinen und Speeren getötet. Kleintiere und Fische wurden direkt mit Speeren erlegt.

der Speer

Speere wurden als Waffe für die Jagd gebaut. Die Speerspitze war aus Feuerstein. Der Stein wurde behauen, damit er scharfe Kanten bekam. Um die Spitze an einem langen Holzstab zu befestigen, verwendeten die Menschen Tiersehnen.

Vor vielen Tausend Jahren gab es ein mächtiges Königreich am Ufer des Nils im Norden von Afrika. Die Herrscher des Ägyptischen Reichs, die man Pharaonen nannte, ließen riesige Pyramiden, prächtige Tempel und Statuen bauen. Viele von ihnen sind heute noch erhalten und erzählen vom Reichtum der Pharaonen. Eine berühmte Pharaonin war Kleopatra.

der Pharao

Die Könige im alten Ägypten hießen Pharaonen. Sie waren sehr mächtig und reich. Der Pharao wurde von seinem Volk wie ein Gott verehrt. Sein Name bedeutet „großes Haus“, weil man glaubte, dass in seinem Körper ein Gott wohnt. Schon vor seinem Tod ließ der Pharao eine Pyramide als Grabkammer für sich bauen. Es gab auch Pharaoninnen.

die Hieroglyphen

Die altägyptische Schrift bestand aus Zeichen und Bildern. Sie heißen Hieroglyphen. Zwei Beine bedeuten „sich bewegen“. Ein Auge steht für „sehen“.

die Sphinx

Die größte Steinfigur des Ägyptischen Reichs war die Sphinx. Sie hatte den Körper eines Löwen und den Kopf eines Pharaos. Die Ägypter bauten die Figur in die Nähe der Pyramiden. Sie sollte die Gräber der Könige vor Räubern beschützen.

die Pyramide

Die Ägypter bauten riesige Pyramiden, in denen die Könige beerdigt wurden. Der Bau einer Pyramide war sehr schwierig, weil tonnenschwere Steinblöcke aufeinandergesetzt werden mussten. Die Grabkammer lag tief im Innern der Pyramide versteckt. Geheime Gänge, Kammern und Türen sollten das Grab vor Räubern schützen. Der Eingang wurde zugemauert.

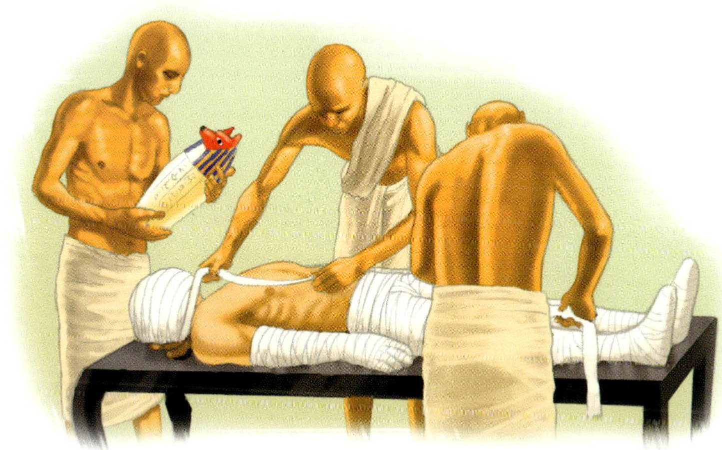

die Mumie

Die Ägypter glaubten, dass ihr König nach seinem Tod im Jenseits weiterleben würde. Deswegen versuchten sie, seinen Leichnam haltbar zu machen. Starb ein Pharao, überschüttete man den Körper mit Natron, einer Art Salz. So trocknete er aus und verweste nicht. Anschließend balsamierte man den Körper ein und wickelte ihn in lange Leinentücher. Die Mumie wurde in einen bunt bemalten Sarg gelegt und in einer Grabkammer bestattet. Neben dem Sarg lagen wertvolle Juwelen und etwas zu essen und zu trinken.

Das alte Griechenland

Im alten Griechenland gab es mehrere große Städte. Jede Stadt hatte eine eigene Regierung und eigene Gesetze und die Einwohner glaubten an unterschiedliche Götter. Häufig kam es zu Streit und Kriegen zwischen den Städten. Es gab keine Könige, sondern die Menschen konnten wählen, wer regieren sollte. Heute haben wir viele Wörter aus der altgriechischen Sprache, zum Beispiel Theater oder Alphabet.

die Vase

Damals gab es viele kunstvoll bemalte Vasen. Allerdings gebrauchte man sie nicht für Blumen. Manche enthielten Duftstoffe oder Salben. In anderen transportierte man Öl und Wein oder bewahrte die Asche von Toten auf.

die Olympischen Spiele

Die ersten Olympischen Spiele fanden in der griechischen Stadt Olympia statt. Man veranstaltete sie für den Gott Zeus. Am Anfang gab es nur einen Wettlauf, später auch andere Sportarten, wie Diskuswerfen, Weitspringen oder Ringen. Alle Griechen waren eingeladen.

die Triere

Die Triere war ein Kriegsschiff mit sehr vielen Rudern. In einer Seeschlacht fuhren verfeindete Schiffe aufeinander zu. Je mehr Ruderer ein Schiff besaß, umso schneller war es und umso kräftiger konnte es das gegnerische Schiff rammen.

der Tempel

Die prächtigsten Gebäude im Alten Griechenland waren die Tempel für die Götter. Sie waren oft bunt bemalt und hatten viele große Säulen.

die Götter

Die alten Griechen glaubten an viele Götter. Die meisten waren miteinander verwandt. Der Vater aller Götter hieß Zeus. Ihm zu Ehren wurde eine riesige Statue gebaut. Wenn er wütend war, schleuderte er Blitze vom Himmel.

das Amphitheater

Theaterstücke waren sehr beliebt. Die Menschen trafen sich in großen, halbrunden Theatern, die man Amphitheater nennt. Sie saßen auf Stufen unter freiem Himmel. Die Geschichten, die gespielt wurden, handelten oft von den griechischen Göttern. Meistens gab es einen Chor. Er bestand aus vielen Personen. Sie haben jedoch nicht gesungen, sondern gemeinsam zu den Schauspielern auf der Bühne gesprochen. Theaterstücke aus dem alten Griechenland werden heute noch aufgeführt.

Das alte Rom

Die alten Römer besaßen vor langer Zeit ein sehr großes und mächtiges Reich. Sie hatten eine starke Armee und führten viele Kriege, um das Römische Reich noch größer zu machen. Die wichtigste Stadt war Rom. Hier standen prächtige Gebäude, Tempel aus Marmor und Gold. Die Römer haben viel erfunden, zum Beispiel eine Fußbodenheizung.

der Legionär

Mit ihrer großen Armee herrschten die Römer fast über ganz Europa. Die Soldaten hießen Legionäre. Sie trugen einen Helm mit Nackenschutz, einen Brustpanzer und Sandalen. Nicht jeder konnte Legionär werden. Man musste groß und kräftig sein und lesen und schreiben können.

der Triumphbogen

Wenn ein römischer Kaiser einen Krieg gewonnen hatte, ließ er sich einen großen Torbogen bauen, der für immer an seinen Triumph erinnern sollte. Oft stand darauf eine vergoldete Figur des Kaisers.

die Arena

Eine Arena war ein riesiges Theater, in dem Wettkämpfe vorgeführt wurden. Diese waren oft brutal. Die Zuschauer saßen im Kreis. In der Mitte kämpften Männer mit unterschiedlichen Waffen. Man nennt sie Gladiatoren. Sie kämpften auch gegen Tiere.

die Toga

Die Bürger im alten Rom trugen eine Toga. Das ist ein Kleidungsstück, das nur aus einem langen Stück Stoff besteht. Es wurde um den Körper gewickelt und zum Schluss über die Schulter gelegt. Dabei entstand eine kleine Höhle, die als Tasche genutzt werden konnte.

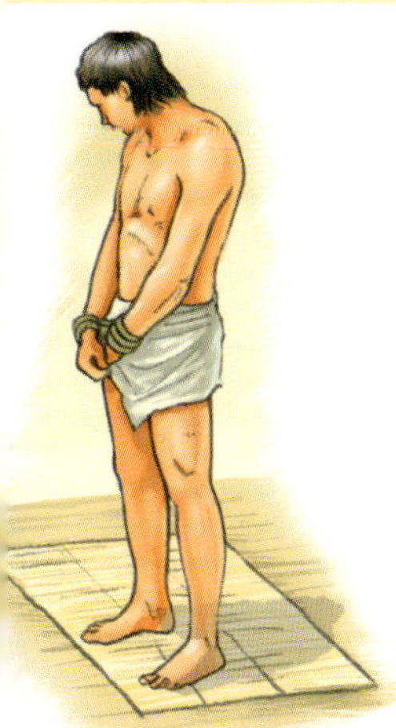

der Sklave

Ein Sklave ist ein Mensch, der nicht tun kann, was er will. Er muss einem anderen Menschen gehorchen. Im alten Rom gab es viele Sklaven. Heute ist Sklaverei verboten, weil alle Menschen frei sein sollen.

das Aquädukt

In den römischen Städten gab es viele Bäder und Brunnen, die Wasser brauchten. Deshalb bauten die Römer Leitungen, um Wasser von den Quellen auf dem Land in die Stadt zu pumpen. Wenn diese Aquädukte Täler überqueren mussten, wurde das Wasser über hohe Steinbrücken geleitet.

Das alte China

Das alte China war ein reiches Land, das von einem Kaiser regiert wurde. Weil es immer wieder von anderen Völkern überfallen wurde, wollte der Kaiser sein Reich durch eine riesige Mauer schützen. Die Armee seines Landes und alle Bauern mussten mithelfen, sie zu bauen. Die Chinesische Mauer wurde das längste Bauwerk der Erde.

die Schriftzeichen

Die chinesische Schrift ist bereits sehr alt. Sie besteht nicht aus Buchstaben, wie unsere Schrift, sondern aus Schriftzeichen, die jeweils für ein Wort stehen.

der Kaiser

Das Chinesische Reich gab es eine sehr lange Zeit. Es wurde von verschiedenen Kaisern regiert. Sie hatten sehr viel Macht. Die Herrschaft wurde immer an die Söhne weitergegeben. So kam es, dass manchmal bereits Kinder Kaiser von China wurden.

die Dschunke

Auf den großen Flüssen in China oder auf dem Meer fuhren oft Dschunken. Diese Schiffe hatten mehrere Segel und brachten Reis, Porzellan oder Gewürze in andere Länder. Es gab auch Dschunken, die zum Fischen oder im Krieg eingesetzt wurden.

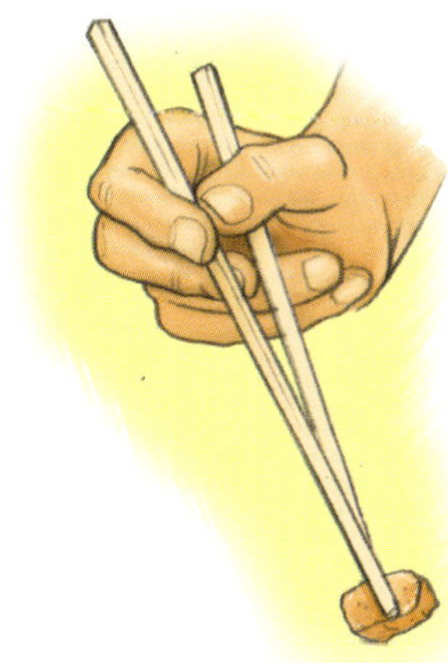

die Essstäbchen

Die Menschen im alten China aßen bereits mit Besteck. Mit zwei länglichen Essstäbchen lassen sich kleine Häppchen gut greifen. In Europa gab es erst viele Tausend Jahre später Messer, Löffel und Gabel. Essstäbchen werden heute noch benutzt.

die Seide

In China gab es die ersten Kleider aus Seide. Diese stammt von einem Schmetterling, dem Seidenspinner.

der Streitwagen

Wenn der Kaiser auf einer Reise war, wurde er immer von einem Streitwagen begleitet. So konnte er besser bewacht werden.

Eine Burg war ein großes Bauwerk mit dicken und hohen Mauern. Meistens hatte sie mehrere Wachtürme. Von dort oben konnten die Wachposten gut erkennen, wer sich der Burg näherte. Bestand für die Burgbewohner eine Gefahr, schlugen die Wachen Alarm. Auch Bauern und andere Menschen, die in der Nähe wohnten, durften dann in der Burg Schutz suchen.

Burgen wurden für Könige, Fürsten oder adlige Ritter gebaut, die dort mit ihren Familien lebten. Zahlreiche Hausangestellte, Handwerker und Krieger arbeiteten für sie. Es gab Ställe für die Pferde der Ritter. Auch viele andere Tiere wie Schweine, Ziegen oder Hühner wurden in der Burg gehalten. Die Zeit, in der viele Burgen gebaut wurden, nennt man Mittelalter.

der Ritter

Ritter waren die Soldaten des Königs und zogen für ihn in den Krieg. Im Kampf schützten sie sich mit Rüstungen aus Metall und mit einem Helm. Dieser hatte nur einen schmalen Schlitz zum Sehen.

der Schmied

Ein Schmied fertigte Ritterrüstungen an oder Hufeisen für die Pferde. Schmiede wurden im Mittelalter sehr geschätzt, da der Beruf nicht einfach war. Das Metall wurde im Feuer erhitzt und mit einem Hammer in die richtige Form geschlagen.

das Schwert

Das Schwert war die wichtigste Waffe eines Ritters. Es hatte zwei scharfe Klingen. Wurde es nach einem Kampf nicht mehr gebraucht, steckte es in einer Scheide. Diese war oft aus Gold oder anderen wertvollen Materialien.

das Fallgatter

Ein Fallgatter ist ein schweres Gitter aus Holz und Eisen. Es schützte das Burgtor. Wenn ein Wachposten den Feind kommen sah, ließ er es hinunter und versperrte den Burgeingang.

das Ritterturnier

Bei einem Ritterturnier kämpften Ritter gegeneinander. So konnten sie zeigen, wie mutig sie waren und wie gut sie reiten konnten. Viele Sitzplätze für die Zuschauer wurden aufgebaut. Die Pferde und die Rüstungen der Ritter waren bunt geschmückt. Mit einer langen Lanze unter dem Arm galoppierten zwei Ritter aufeinander zu. Wer es schaffte, den anderen vom Pferd zu stoßen, hatte gewonnen. Die Kämpfe waren sehr gefährlich, manchmal starb ein Ritter sogar dabei.

die Zugbrücke

Viele Burgen waren von einem tiefen Burggraben mit Wasser umgeben. Wer die Burg betreten wollte, musste über eine Zugbrücke gehen. Sie hing an Eisenketten. Sobald sich ein Feind näherte, zogen die Burgbewohner schnell die Brücke hoch. So konnten die Angreifer den Wassergraben nicht mehr überqueren.

das Verlies

Tief unter der Erde hatte jede Burg ein Verlies. Hier wurden die Gefangenen eingesperrt. Es war rundherum von dicken Mauern umgeben und hatte nur ein Loch in der Decke. Dieses Loch nannte man Angstloch. Es war unmöglich, aus einem Verlies zu entkommen.

das Spinnrad

Die Burgfräulein stellten zusammen mit den Mägden die Kleidung her. Sie strickten, nähten oder webten. Dafür brauchten sie viel Wolle. Mit Spinnrädern spannen sie aus der Wolle eines frisch geschorenen Schafes feines Garn.

der Narr

Gab es auf der Burg ein Fest, war oft ein Narr, eine Art Clown, dabei. Er hatte ein buntes Kostüm an und unterhielt die Gäste mit lustigen Späßen und Kunststücken. Für alle Hofnarren galt die Narrenfreiheit. Das heißt, der Narr durfte über jeden Witze machen – selbst über den König.

das Festessen

Sehr beliebt waren große Festessen auf der Burg. Es gab viel zu essen und zu trinken. Wichtige Gäste saßen in der Nähe des Burgherrn. Oft hatten nur die reichen Adligen eine Tischdecke und Besteck zum Essen. Die anderen Gäste aßen mit den Fingern. Vor dem Essen musste sich jeder in einer großen Schüssel die Hände waschen.

Die Indianer

Die ersten Einwohner in Amerika waren die Indianer. Manche von ihnen waren Bauern, andere lebten vom Fischfang. Viele folgten den Bisonherden, die sie jagten. Sie lebten meistens in Zelten. Einige Indianer hatten auch große Viehherden. Als die Weißen aus Europa nach Amerika kamen, vertrieben sie viele Indianer von ihrem Land.

der Häuptling

Besonders kluge Männer konnten Indianerhäuptling werden. Dieser bestimmte wichtige Dinge für den Stamm. Im Krieg führte er die Krieger an oder verhandelte mit den Feinden. An besonderen Tagen trug er einen prächtigen Federschmuck auf dem Kopf.

Pfeil und Bogen

Mit Pfeil und Bogen kämpften die Indianer oder jagten wilde Tiere. Die Pfeilspitze wurde aus Knochen oder Stein hergestellt. Am Ende hatte der Pfeil Federn, damit er geradeaus flog. Der Bogen war mit Tiersehnen bespannt.

der Cowboy

Viele weiße Siedler waren Cowboys. Ein Cowboy hütete Rinder. Auf einem Pferd trieb er sie zu ihren Futterplätzen. Lief ein Rind davon, fing er es mit einem Lasso ein.

der Krieger

Ein indianischer Krieger verteidigte seinen Stamm. Er war ein guter Reiter. Er kämpfte meist mit Pfeil und Bogen, später auch mit Gewehren. Wenn er verletzt wurde, trug er eine rote Feder. Eine Feder mit einem Punkt hieß, dass er den Feind getötet hatte.

der Bison

In Nordamerika lebten früher große Bisonherden. Ein Bison ist ein wildes Rind. Es hat einen großen Kopf und gebogene Hörner. Weil Bisons ein dichtes Fell und gutes Fleisch haben, wurden sie von den Indianern gejagt.

das Tipi

Ein Tipi war ein großes Zelt. Lange Holzstangen wurden in einem Kreis aufgestellt und oben zusammengebunden. Als Zeltplane legten die Indianer Bisonhäute darüber. Innen lagen warme Felle am Boden. In der Mitte des Zeltes konnte man ein Feuer machen. Damit der Rauch aus dem Zelt gut abziehen konnte, gab es über dem Zelteingang eine Öffnung mit zwei Klappen. Diese waren mit zwei Stangen befestigt.

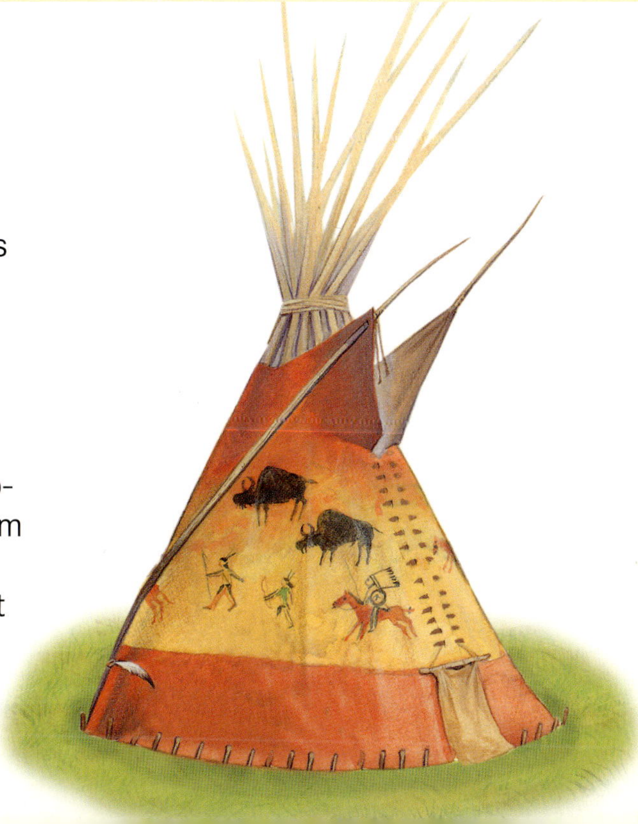

Die Piraten

Piraten waren Seeräuber, die auf den Meeren segelten und andere Schiffe überfielen. Das Leben an Bord war hart, aber die Piraten hofften, durch die Raubzüge reich zu werden. Manche Piraten bekamen von ihrem König die Erlaubnis, Schiffe aus anderen Ländern auszurauben und zu versenken. Diese Piraten nannte man Freibeuter. Auch heute gibt es noch Piraten.

der Schatz

Hatten die Piraten ein Schiff überfallen, nahmen sie alles mit. Manchmal waren es Edelsteine, Gold oder Silber. Viele Schiffe kamen damals aus fremden Ländern und hatten Gewürze, Zucker oder Stoffe an Bord. Wenn die Piraten ihre Beute nicht selbst gebrauchen konnten, verkauften sie sie.

die Kanone

Manche Piratenschiffe hatten Kanonen an Bord. Sie waren aus Eisen und sehr schwer. Die Kugeln wurden mit Schießpulver abgefeuert. Durch eine Klappe in der Schiffswand wurde das feindliche Schiff beschossen. War es beschädigt und die Besatzung geschwächt, stürmten die Piraten das andere Schiff und kämpften Mann gegen Mann.

die Piratenflagge

Trug ein Schiff eine schwarze Flagge, waren alle gewarnt: Piraten! Auf manchen Piratenflaggen war ein Totenkopf. Der sollte dem Feind Angst machen. Die Piraten hissten ihre Flagge jedoch meist erst, wenn sie nahe am feindlichen Schiff waren. Oft fuhren sie auch unter einer falschen Flagge, um die anderen Schiffe zu täuschen.

die Galeone

Viele Piraten hatten ein Schiff, das man Galeone oder Galeere nennt. Es war aus Holz und hatte drei große Segel. Die Außenseiten wurden oft bunt bemalt. Die Schiffe waren so gebaut, dass man andere Schiffe damit rammen konnte. Nach einem Rammstoß warfen die Piraten Enterhaken auf das andere Schiff. Diese eisernen Haken sehen wie Anker aus und sind an langen Seilen befestigt. Damit zogen die Piraten das Schiff nahe an ihr eigenes Schiff heran. Dann konnten sie sich hinüberschwingen und die Gegner angreifen. Man sagt, sie enterten das Schiff.

der Säbel

Viele Piraten kämpften mit einem Säbel. Er war gebogen und hatte eine sehr scharfe, spitze Klinge. Damit die Hand während des Kampfes nicht verletzt wurde, war am Griff ein Bogen aus Metall.

Register

Alle fett gedruckten Begriffe haben einen eigenen Eintrag im Lexikon. Die übrigen Begriffe werden innerhalb eines anderen Eintrags erklärt.

Register

Auflösung der Suchspiele

S. 10

S. 12

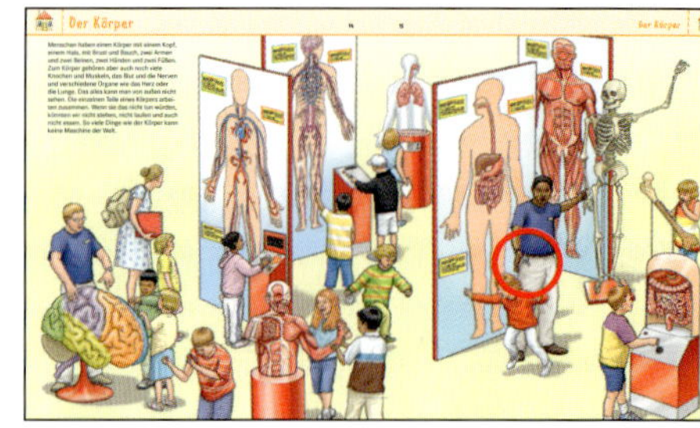
S. 14–15

S. 18

S. 20–21

S. 24–25

S. 28

S. 30–31

S. 32

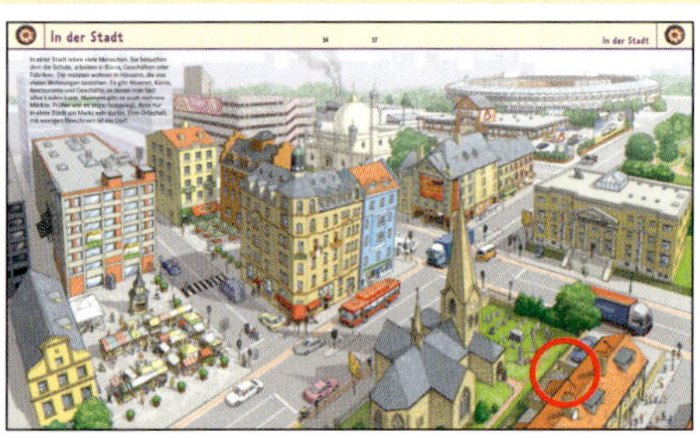
S. 36–37

S. 40–41

S. 44–45

S. 48–49

S. 52–53

S. 54–55

S. 56

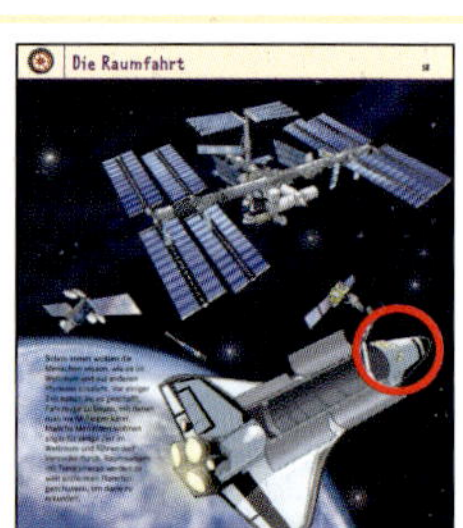
S. 58

S. 62

Auflösung der Suchspiele

S. 64–65

S. 66–67

S. 68–69

S. 70

S. 72

S. 73

S. 74

S. 76

S. 78

S. 79

S. 80

S. 82

S. 84

S. 88–89

S. 92–93

S. 96

S. 98–99

S. 100–101

Auflösung der Suchspiele

S. 102

S. 104–105

S. 106

S. 108–109

S. 114–115

S. 118–119

S. 122

S. 124

S. 126

S. 128

S. 130–131

S. 134

S. 136